介護のお世話にならない
リハビリの専門家が教える
足腰の教科書

まえがき

理学療法士が全国の介護サービスを巡ってみた

私は理学療法士です。簡単にいうと、リハビリをする人です。現在、訪問リハビリテーション（以下、訪問リハビリ）で理学療法士として働いています。

20代の頃、私はバイクで日本一周の旅に出ました。

きっかけは２０１５年の介護保険制度の改正によって、介護サービスに地域格差が生じるという話を聞いたことです。本当に地域格差が生じているのかを実際に日本各地をまわって見てみようと思ったのです。実際、各地をまわってみて、介護サービスの地域格差を感じる部分はありました。が、それと同時に各地でその地域に応じたユニークな介護サービスがあるということも知りました。このときの当時の介護保険制度の改正の良い面、悪い面の両方を知ることができたのは大きな収穫でした。

さて、いざ旅に出て、日本各地のさまざまな介護サービスを見学するなかで、私は一つの疑問を持ちました。

「なぜ、何にもしなくても元気なおじいさん、おばあさんがいるのだろう？」

同じ市区町村（地域）に住んでいる同年代の人でも、自分のことは自分でできる健康な人もいれば、介護が必要な人もいます。いわゆる「健康寿命」が長い人と短い人です。

　健康寿命とは、健康上の問題で日常生活が制限されることなく生活できる期間のことです。厚生労働省の「令和４年簡易生命表の概況」によると、日本の平均寿命（２０２２年）は男性は約81歳、女性は約87歳です。健康寿命（２０１９年）は男性は約73歳、女性は約75歳となっています。つまり、男性は約8年間、女性は約12年間、何かしらの支援が必要な生活を送るということです。これからは、できるだけ健康寿命を延ばし、健康的な生活を送れる時間を延ばすことが求められるでしょう。

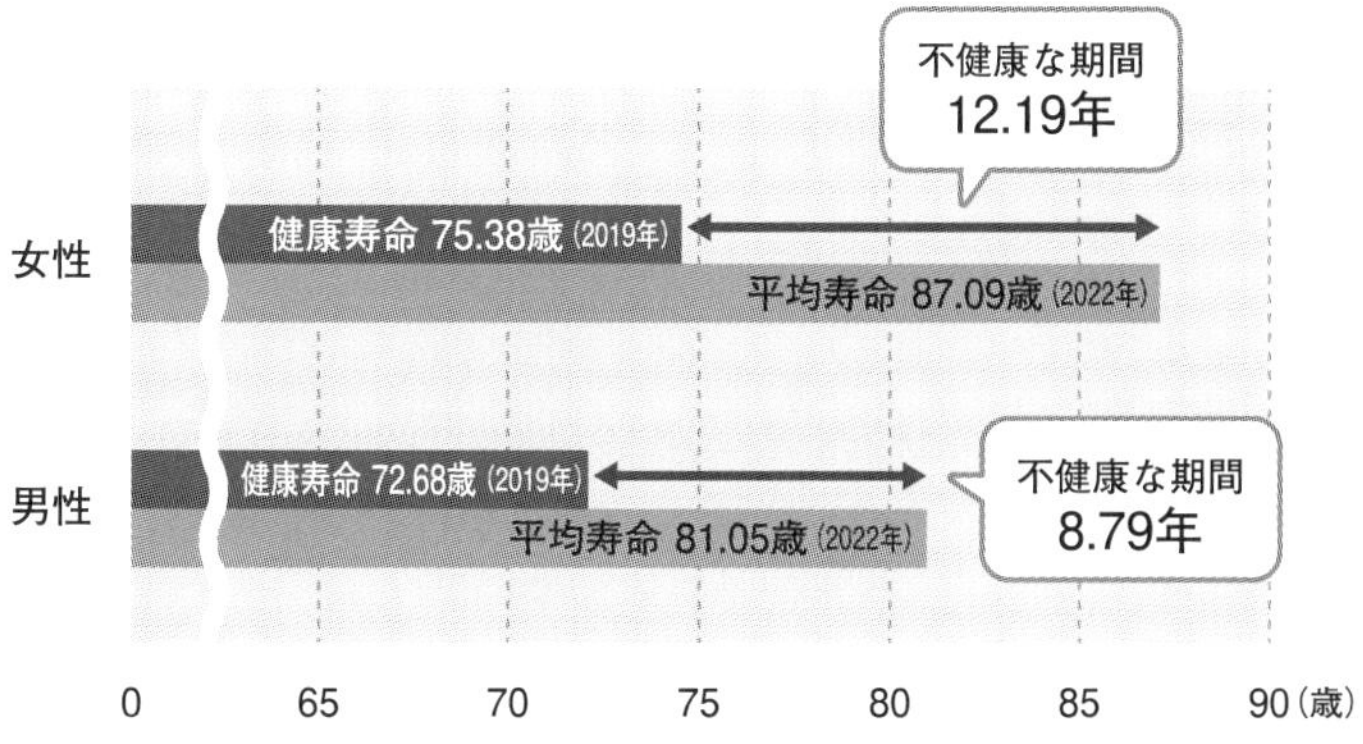

（参考）「令和４年簡易生命表の概況」（厚生労働省）より作図

旅をしていて、「この市区町村は、介護予防事業に力を入れているな」と思う地域でも、健康寿命が長い人もいれば短い人もいます。もちろん、人間には個人差があり、寿命（健康度）には遺伝的な要素が関係しています。しかし、それ以外にも健康寿命の差には何らかの理由があるはずです。

私の本職は理学療法士なので、これまで多くの患者さんにリハビリを施してきました。健康寿命が長い人と短い人とを分ける要因は何なのか、それを知るきっかけは、仕事の中にたくさんあったかもしれません。しかし、病院で働いていたときは、現場でのリハビリに集中してしまい、各人の生活習慣まで把握することはできませんでした。特に、急性期病院で働いていたときは、治療が終わった患者さんはすぐに退院するか、回復期病院に転院してしまうので、日常生活を把握する時間がありませんでした。

今回の旅では、「病院勤務の理学療法士」から「旅人の理学療法士」に変身したことで、全国各地のたくさんの高齢者とそのご家族の生活に踏み込むことができました。

そのおかげで、「市区町村間における地域格差をこの目で確かめたい」という思いから出発した日本一周の旅は、「健康寿命の延伸につながるヒント」という予想外の大きな土産を持ち帰ることができました。そのヒントとは、健康寿命には日常の生活習慣が強く影響しているのではないか、ということです。

山口県で出会ったおばあさんは、なぜ段差だらけの家に住んでいるのに転ばないのでしょうか？

北海道で出会った１００歳のおばあさんの趣味とは？

この本では、日本一周の旅でたくさんの高齢者と出会ったことで気づいた、日常生活で健康寿命を延ばす具体的な方法や考え方、介護サービスの上手な利用方法などを紹介していこうと思います。

もくじ

まえがき――理学療法士が全国の介護サービスを巡ってみた 2

第1章 丈夫な足腰が健康寿命を延ばす

足腰の大きな筋肉を鍛える 14
足腰が衰えるとどうなるのか 16
高齢になっても足腰は鍛えられる 17
足腰のどの部分を鍛えれば良い？ 18
足腰の筋力と尿もれの関係 19
足腰の筋力と腰痛の関係 21

第2章 歩けることが健康のバロメーター

10人中9人が「歩けるようになりたい」と希望 24
まずは正しい姿勢を身につける 25
「円背」を予防する 27
正しい歩き方を身につける 28
靴の選び方、履き方 29

歩行練習と筋トレを組み合わせる 32
日本人は1日の3分の1を座って過ごしている 33
座るときは骨盤を起こして 34

第3章

健康寿命を延ばす秘訣は日常にあり

高齢者でも筋力は向上する 38
運動が健康に良いのはわかっていても続かない 39
日常生活の中で健康寿命を延ばす 40
適度な段差と階段が健康寿命を延ばす 42
◆バリアフルでも良い
床からの立ち上がりは筋トレになる 45
◆椅子に慣れている人は筋トレを取り入れる
歩くことは健康寿命を延ばす万能薬 48
◆どれくらい歩けば良いのか／◆走らなくても良い
ペットがいれば杖いらず 53
◆動物がいるデイサービス／◆アニマルセラピー／◆犬の散歩で人とつながる
入浴施設に行く効果 58
◆男性でも気軽に行ける／◆入浴施設に行くメリット／◆温泉付きデイサービスもある
園芸は食べて良し、健康に良し 62
◆農作業の運動効果は高い／◆園芸・家庭菜園でも十分な健康効果

人とのつながりが健康寿命を延ばす　65
◆外出の効果／◆井戸端会議でも十分
子どもとの交流が健康寿命を延ばす　68
◆子どもと交流することの効果／◆子どもと一緒にユーチューブ
歯は健康寿命と密接な関係がある　72
◆80歳で歯を20本残す「８０２０運動」／◆唾液の効果／◆誤嚥性肺炎にご注意を
1日に1・2リットルの水分摂取を　78
◆1日に必要な水分摂取量とは／◆水分が不足するとどうなるか？
◆高齢者は水分摂取を意識すること
文字を書くことで脳がフル稼働　82
◆文字を書く効果／◆日記を書く
料理は上質のリハビリテーション　86
◆料理を作る過程を分解してみる／◆役割が活力に／◆配食サービスの使い方
食事に魚を取り入れる　91
◆魚に含まれる栄養素とその働き／◆魚を取り入れたバランスの良い食事を
◆高齢者の糖質制限にはご注意を
歌うことで血行と新陳代謝が促進　94
◆腹式呼吸／◆歌うことの精神的な効果
「生きがい」は小さな目標でも良い　96

第4章 健康寿命を縮める主な要因
安静時の注意点 102
リハビリのための老健入所で寝たきりに 103
増加する高齢者の閉じこもり 105
要介護に至る3大要因 108
◆ロコモティブシンドローム／◆ロコモ度チェック
◆メタボリックシンドローム／◆メタボの診断基準
◆メタボとロコモとの関係／◆認知症／◆認知症の初期症状
◆認知症の症状／◆認知症とロコモとの関係
参考 加齢に伴う身体の変化 120

第5章 これからは「介護予防」の時代
ケアの場所が病院から在宅へ変わる 126
地域包括ケアシステムとは 127
介護離職ゼロは実現可能か？ 128
介護される側も「介護されたくない」と思っている 132
「介護」から「介護予防」の時代へ 134
参考 過度の介助は健康寿命を縮める 135

第6章

介護サービスの上手な使い方

介護サービスを上手に利用する 142
介護サービスの種類 144
介護サービスを利用する3つのメリット 145
まずは地域包括支援センターへ 147
ケアマネジャーの選び方 148
訪問介護を上手に利用するコツ 151
◆優秀なヘルパーは利用者の自立を促す／◆訪問介護と訪問リハビリを組み合わせる
◆介護サービスの変更は可能／◆訪問介護で、できること、できないこと
訪問リハビリを上手に利用するコツ 156
◆訪問リハビリのメリットとは／◆訪問リハビリから通所サービスへ移行
◆福祉用具を選ぶときはリハビリスタッフの意見も聞く
◆スタッフによってはリハビリに差があることも
◆身体の状態に応じたリハビリが可能
◆気がのらないときは体調が悪い可能性も
訪問看護を上手に利用するコツ 162
◆訪問看護で定期的な健康チェックを／◆薬の管理は訪問看護で
その他の訪問サービス 164
通所サービスを上手に利用するコツ 167
◆通所サービスの種類と特徴／◆外出ができる人は通所サービスを
◆通所サービスはまずは見学してみる
◆通所サービスを選ぶときのチェックポイント
◆通所介護でもリハビリは可能／◆認知症でもリハビリは可能

ショートステイを上手に利用するコツ 175
◆ショートステイのメリットとデメリット／◆ショートステイで昼夜逆転を防ぐ
福祉用具の購入と介護休暇について 178
◆福祉用具をレンタルするか、購入するか／◆住宅改修は計画的に／◆介護休暇と介護休業の違い
施設サービス 183
参考 市町村が指定・監督を行う介護サービス 185
あとがき——これからの介護 189

巻末付録

理学療法士が教えるセルフケア

01 椅子を使った足腰を鍛える筋トレ 194
自力で立てる人向け（立位）
●立ち上がり 195／●スクワット 196／●片足立ち 197
●もも上げ 198／●かかと上げ 199／●つま先上げ 200
立つのが不安な人向け（座位）
●椅子の選び方 201／●もも上げ 201／●ひざ伸ばし 202
●かかと上げ 203／●つま先上げ 204／●足閉じ 205

02 円背を予防する体操
ストレッチ
●胸のストレッチ 207／●背中のストレッチ 208／●股関節のストレッチ 209
●太もものストレッチ 210／●太もも裏のストレッチ 211
体幹トレーニング
●腹筋運動 212／●ドローイン 213／●お尻の筋力トレーニング 214
03 排泄機能を維持・改善するための体操
排便・尿もれ改善体操
●ドローイン（腹筋運動） 216／●足踏み運動 217／●ひねり運動 218
●肛門引き締め体操 219／●ボール挟み体操 220／●お尻上げ体操 221／●お尻歩き 222
04 口腔機能を維持・改善するためのセルフケア
口腔体操
●首の体操 224／●肩の体操 225／●口の体操1 226／●口の体操2 227
口腔ケア
●歯磨き 228／●ブクブクうがい 229／●口腔清掃 230
参考資料

第1章

丈夫な足腰が健康寿命を延ばす

✦ 足腰の大きな筋肉を鍛える

高齢になっても健康的な日常生活を送るには、食事、トイレ、入浴などの日常動作を自力で行えることが大前提となります。そのためには、自力で立ったり、歩いたりすることができるように足腰の筋肉を鍛えておく必要があります。特に重要なのが、大腿四頭筋、腸腰筋、ハムストリング、大臀筋、下腿三頭筋といった腰回りやお尻、太ももの大きな筋肉です。

◆大腿四頭筋：ひざを伸ばす、股関節を曲げる筋肉。人体で最も体積の大きい筋肉。
◆腸腰筋：股関節を曲げる筋肉。姿勢を安定させる筋肉。
◆ハムストリング：ひざを曲げる、足を後ろに持ち上げる筋肉。
◆大臀筋：足を後ろに持ち上げる筋肉。立ち上がりを安定させる。
◆下腿三頭筋：足首を下に向ける筋肉。歩行時の蹴り出しのときに働く。

その他、体幹を支えるお腹の腹直筋や背中の広背筋も姿勢を安定させるためには重要な筋肉です。これらの筋肉が衰えてしまうと転倒しやすくなり、また腰痛や円背になりやすくなります。

足腰の重要な筋肉

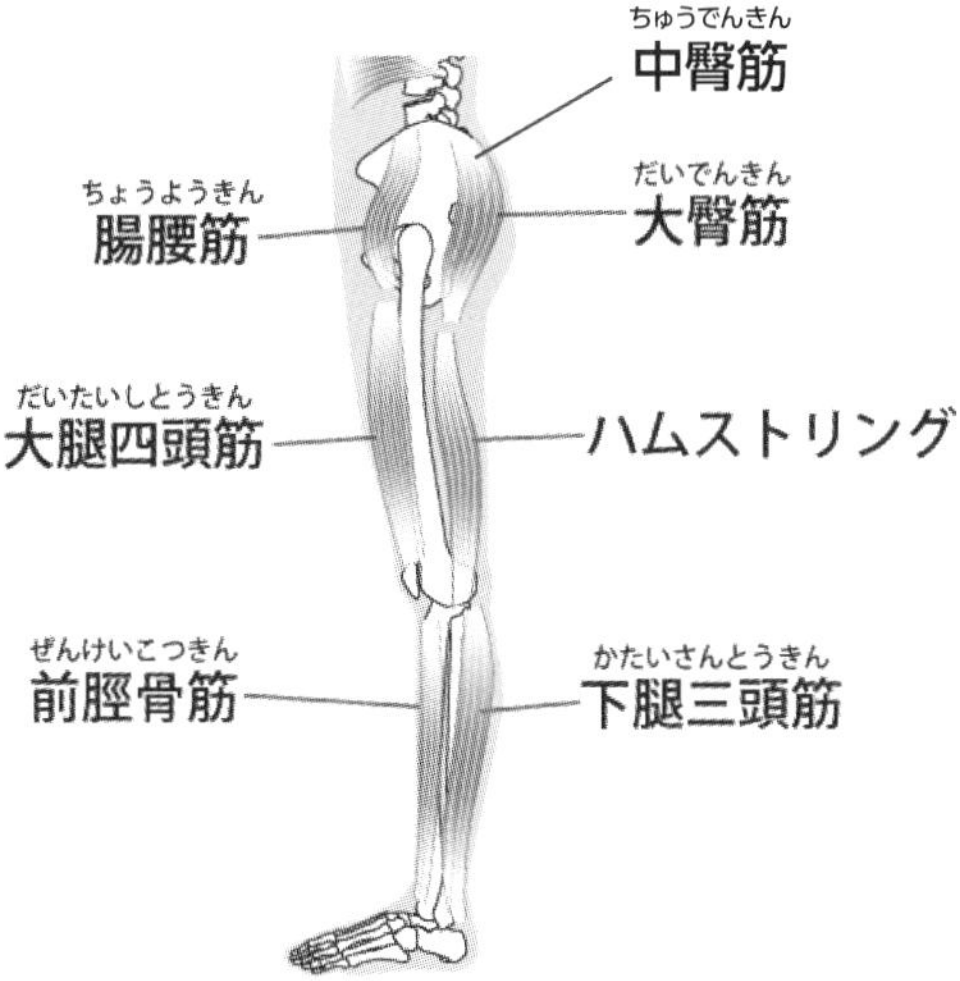
中臀筋《ちゅうでんきん》
腸腰筋《ちょうようきん》
大臀筋《だいでんきん》
大腿四頭筋《だいたいしとうきん》
ハムストリング
前脛骨筋《ぜんけいこつきん》
下腿三頭筋《かたいさんとうきん》

✦ 足腰が衰えるとどうなるのか

足腰が衰えると一人で立ち上がったり、歩いたりといった日常的な動作が困難になります。さらに状態が悪化すると何かしらの介助が必要となります。

足腰の衰えで、最も注意しなければならないのが転倒です。

例えば、太ももを持ち上げる腸腰筋が衰えてしまうと、段差などで足を持ち上げることができずに、つまずいたり、転倒したりします。つま先を上にあげる前脛骨筋（すねの筋肉）が弱ってしまうと、カーペットなどのちょっとした厚みに引っかかって、転倒してしまいます。

私は仕事で多くの高齢者を見てきましたが、高齢者が転倒する主たる原因は足腰の筋力低下です。

転倒によるケガの中でも骨折は身体機能に大きな影響を及ぼします。特に大腿骨の骨折は日常生活の質を大きく低下させます。大腿骨を骨折する原因の約80％が転倒と言われています。年齢が上がれば上がるほど、筋力が低下し、転倒による大腿骨の骨折リスクが高くなります。

骨折のリスクの一つとして、治療期間中に筋力が低下することが挙げられます。高齢になると筋力が低下しますが、骨折によってさらに筋力が低下してしまいます。病院や自宅での治療・療養が終わり、いざ歩こうとしても、自力で歩くことができなくなります。最悪の場合、寝たきりとなり介護が必要になってしまうこともあります。

また、一度転倒をしてしまうと、転倒に対する恐怖心が芽生えます。立ち上がることや歩くことが怖くなり、自分から動くことができなくなる場合があります。体を動かす機会が少なくなれば、全身の筋力が低下していき、介護を必要とする生活が近づいてきます。

高齢になっても足腰は鍛えられる

「足腰が弱くなる」と「介護が必要な生活」は隣り合わせの関係にあります。そのため、特に高齢者は積極的に足腰を鍛えていかなければなりません。

高齢になっても筋トレが習慣化されていれば、筋力の維持・向上は可能です。

実際、筋トレが習慣化できた高齢者は、足腰の筋力が向上し、バランス能力が良くなり、転倒リスクが大幅に低下したという報告があります。また、すでに足腰が弱って何らかの介助が必要な人でも、筋トレを続けることによって再び自立した生活を取り戻すことが可能です。

私が訪問リハビリで担当している花江さん（80代）は、寝たきりに近い生活から一人で歩けるようになるまでに改善しました。花江さんは転倒によって大腿骨頚部(太ももの付け根)を骨折してしまい、退院後は足腰の筋力が著しく低下し、一日のほとんどをベッドの上で過ごしていました。訪問リハビリでは週3回、立ち上がり練習や歩行練習といった足腰を鍛えるリハビリを集中的に行いました。最初の頃は疲労感が強く、良くなっている実感もなかったようですが、3カ月間続けたところ、歩行器を使用して歩けるようになりました。この段階で通所介護に移行して、現在は杖一本で歩くことができています。

すべての人に当てはまるとはいいませんが、高齢になっても、たとえ軽度の障害があったとしても、足腰を鍛えることで自立した生活を取り戻すことは不可能ではありません。

足腰のどの部分を鍛えれば良い？

「足腰を鍛えるにはどこの筋肉を鍛えれば良いですか」という質問をよく受けます。

人によって筋力の衰え方は異なるので一概にはいえませんが、**お尻の筋肉を鍛えることをおすすめします。**

お尻には大臀筋、中臀筋といった骨盤を支える大きな筋肉がついています。お尻の筋力が低下すると、立ち上がるとき、立っているとき、歩いているときにふらつくことが多く、転倒のリスクが高まります。転倒を繰り返す人は、お尻の筋力が低下していることが多いので、意識して鍛えるようにしましょう。巻末付録で紹介している「立ち上がり」、「スクワット」、「お尻の筋力トレーニング」は効率的にお尻の筋肉を鍛えることができます。

足腰の筋力と尿もれの関係

尿もれとは、無意識のうちにおしっこがもれてしまうことです。専門用語では「尿失禁」ともいいます。

尿もれの原因は、主に4つに分けられます。

◆腹圧性尿失禁：お腹に力が入ったときにもれてしまう。

◆切迫性尿失禁：尿意を感じてからトイレに行くまでにもれてしまう。
◆溢流性尿失禁：常に少量のおしっこがもれてしまう。
◆機能性尿失禁：排尿機能に問題はないが、認知機能や身体機能の問題で尿もれが起こる。

この中で「腹圧性尿失禁」と「切迫性尿失禁」は骨盤底筋（骨盤底筋群）の筋力低下が主な原因です。骨盤底筋とは骨盤の底にある筋肉群の総称で、膀胱や子宮などの内臓を正しい位置に保持し、尿道や肛門を締める働きがあります。

骨盤底筋が弱ってしまうと、お腹に少し力を入れただけで膀胱が圧迫されて尿

骨盤底筋

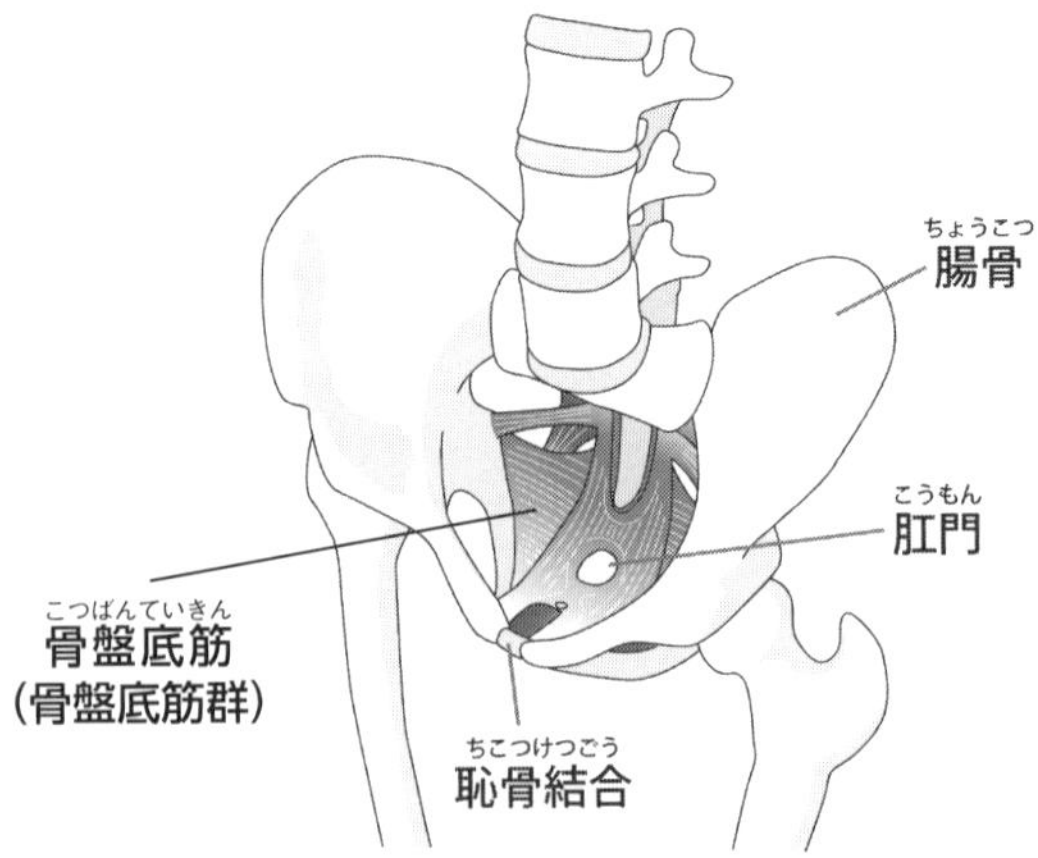

もれを引き起こしてしまいます。

特に出産を経験した女性は、分娩時に骨盤底筋が緩くなってしまい、腹圧性尿失禁を起こしやすくなります。

また、足腰の筋力が低下して転倒しやすい人は骨盤底筋も衰えている可能性が高く、尿もれを併発する傾向があります。

骨盤底筋は体の深部にあるインナーマッスルと呼ばれる小さな筋肉で、鍛えることが難しく、加齢とともに衰えていきます。したがって、筋トレなどで意識的に鍛える必要があります。尿もれを改善する体操については巻末付録をご参照ください。

足腰の筋力と腰痛の関係

腰痛の約80％は原因不明といわれています。MRIやレントゲンなどの画像検査でも原因がはっきりとわからないことが多いのです。

原因不明の腰痛の場合、筋肉に何かしらの原因が隠されていることがあります。腰回りには多くの筋肉があり、これらの筋肉が骨盤と背骨を支えています。この部分の筋肉が衰えたり、硬くなったりすると、腰を支える機能が弱まり、腰痛が引き起されます。

腰痛の予防において、重要なのが腸腰筋です。

腸腰筋は上半身と下半身をつなぐ筋肉で、背骨の前側から骨盤の内側、太ももの付け根の内側を通っています。腸腰筋は体幹を安定させる働きがあり、姿勢を正しく保つために重要な筋肉です。腸腰筋が衰えたり硬くなったりすると、姿勢が崩れ、腰に過度な負荷がかかります。これが腰痛の原因となります。

実際、私が担当した利用者の中に慢性的な腰痛に悩まされている人がいました。いくつかの病院に行っても原因がわからず、湿布や痛み止めで対応されていました。そこで、腸腰筋のストレッチや筋トレを定期的に行うようにしたところ、痛みがほとんど消失しました。腰が痛くて外出を控える傾向にあったために足の筋力も低下していたのですが、痛みがなくなってからは歩行頻度も増えて筋力もどんどんと向上していきました。

第2章

歩けることが健康のバロメーター

10人中9人が「歩けるようになりたい」と希望

誰しもが健康で長生きしたいと思っています。そのためには、できるだけ要介護状態にならないように健康的な生活をできるだけ長く続けることです。

ところで「健康」とはそもそもどのような状態なのでしょうか？

もちろん、健康の捉え方は人それぞれです。若者と高齢者とでは異なります。健常者と障害者とでも異なります。

私は高齢者における健康のバロメーターの一つは「歩けること」だと考えます。

訪問リハビリの利用者の中で、10人中9人が「歩けるようになりたい」と希望されます。中には障害を持っている人、ほぼ寝たきりの人もいますが、皆さん「何とか歩けるようになりたい」と口にされます。

ただし、誰もが皆、歩けるようになるとは限りません。現実的に歩くことが難しい人には「まずは座れるようになる」とか「車椅子で移動できる」といった目標が設定されます。しかし、そのような人でも「いつかは歩けるようになりたい」といわれます。「歩けること」は健康のバロメーターの一つなのです。

まずは正しい姿勢を身につける

正しい歩き方を身につけるためには、まずは立ったときの姿勢が重要です。
運動学のテキスト『基礎運動学』では、姿勢を5つの視点で考えています。

運動学における姿勢の視点
◆力学的視点＝バランスがとれているかどうか。
◆美的視点＝見た目が良いかどうか。
◆作業能率的視点＝動きやすいかどうか。
◆生理学的視点＝疲れにくくないかどうか。
◆心理学的視点＝気持ちが安定しているかどうか。

たとえば、ファッションモデルの姿勢は美的視点を重視します。プロポーションに優れており、美しい立ち姿をしています。しかし動きやすいか、疲れにくくないかと問われれば、そうではないでしょう。

このように見方によって正しい姿勢の定義は変わってきます。そのため、統一された正しい姿勢の定義はありませんが、日常生活における正しい姿勢の基本的な考え方として「正しいアライメント」（アライメント＝関節や骨の並び）を理解する必要があります。この正しいアライメントから外れた姿勢の代表が猫背や反り腰です。

なお、一見正しい姿勢のように見えて、じつは正しくないのが「気をつけ」の姿勢です。この姿勢は背中が反りすぎて無駄な力が入っているため、じつは体への負荷が大きくなります。

日常生活における正しい姿勢とは、背中を壁（柱）につけて、後頭部、肩甲骨、お尻、ふくらはぎ、かかとが壁についている姿勢です。

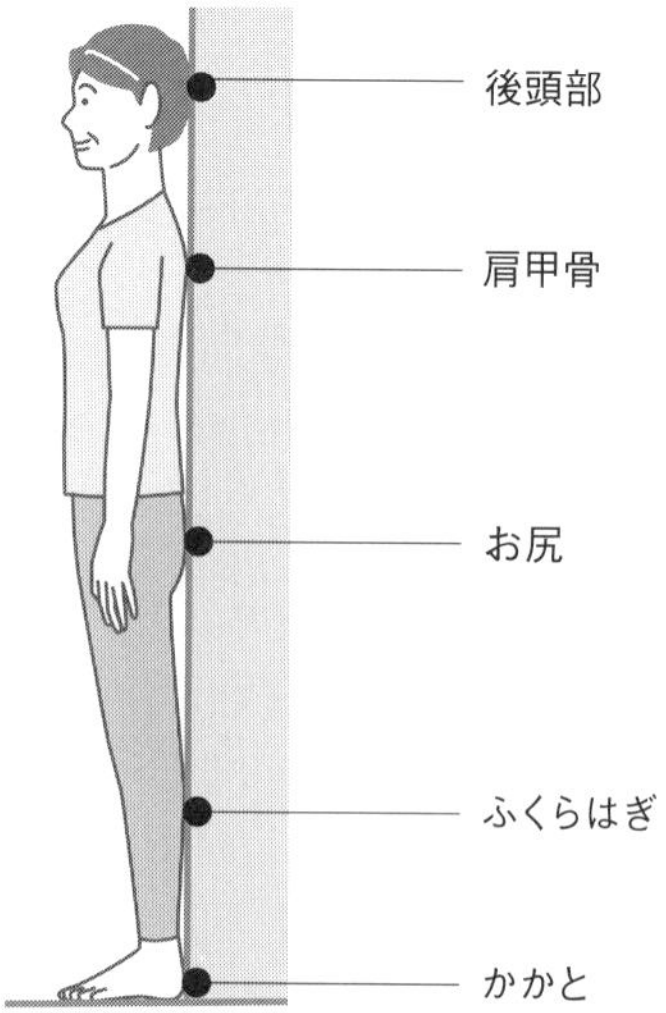

日常生活における正しい姿勢

脳天をひもで引っ張られ、首と背中がピンと伸びている状態をイメージすると良いでしょう。

①あごを軽く引きます。
②肩の力を抜いて、左右の肩の高さを揃えます。
③下腹部（おへそ付近）に軽く力を入れてお腹を引っ込めます（お腹と背中の筋肉で背骨を支えるイメージ）。
④肛門に軽く力を入れてお尻の筋肉を引き締めます。

✦「円背」を予防する

「高齢者の姿勢は？」と聞かれると、背中が丸まった姿勢をイメージする人が多いのではないでしょうか。このような背中が丸まった姿勢を専門的には「円背《えんぱい》」といいます。

山間部に住んでいる高齢者を対象とした福島県立医科大学の調査によると、65歳以上の約20％が円背だったという結果でした。

円背の人は体のバランスが崩れているので、体を動かすことへの不安があり、活動が消極的になるといわれています。

円背の原因には、「構築性」による問題と「機能性」による問題があります。

構築性による問題とは、骨の変形が原因です。これは簡単に治るものではありません。一方、機能性による問題とは、主に腹筋と背筋の低下が原因です。これは筋力を向上させることで改善できる可能性があります。

円背を予防するトレーニング方法については巻末付録を参照ください。

正しい歩き方を身につける

正しい歩き方とは「正しい姿勢から、足を前に出す」」、ただそれだけです。足を前に出したら、ひざを伸ばしたままかかとから地面に着きます。この時、つま先をしっかり上げるようにしましょう。つま先が下がっているとつまずきやすくなります。かかとが着いたら、足裏全体に体重を乗せます。

足を地面から離すときは、親指にグッと力を入れます。地面を押すイメージです。反対の足で同じようにかかとから地面に着いて支えると、自然と後ろにある足が振り子のように前に出ます。そしてこの動きを繰り返します。立っているときの姿勢が正しい姿勢であれば、この足運びを意識するだけで正しい歩き方になります。また、できるだけ目線は前方に置きましょう。目線が下がると、猫背になってしまいます。

歩いているときの腕の振り方については、自然な腕振りで構いません。意識して振ってしまうと、ロボットのようにぎこちなくなり、かえって不自然な歩き方になってしまいます。

靴の選び方、履き方

靴は歩行をサポートすることもあれば、トラブルを引き起こすこともあります。正しく

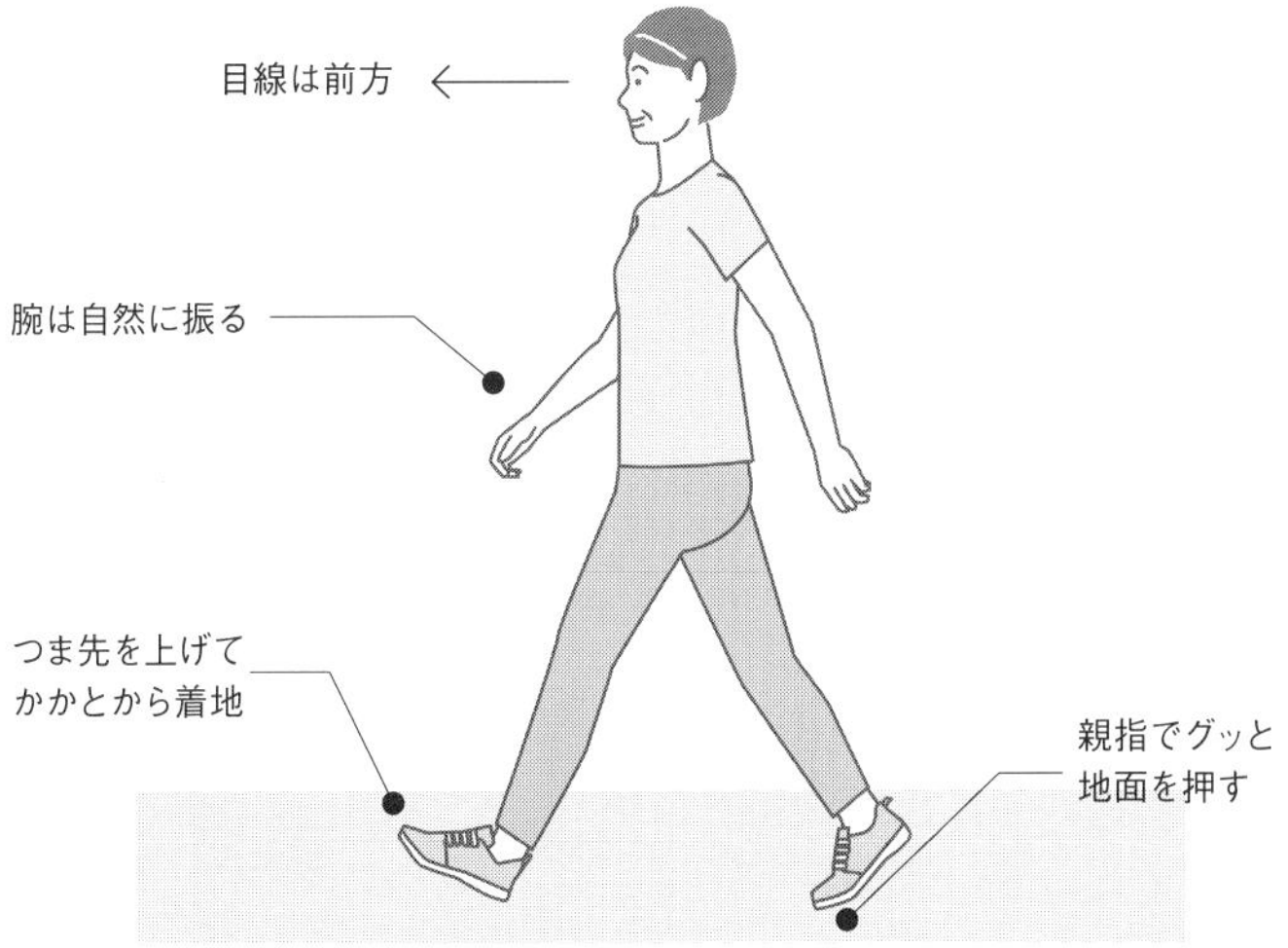
目線は前方
腕は自然に振る
つま先を上げて
かかとから着地
親指でグッと
地面を押す

正しい歩き方

歩くためには、正しい靴を選びましょう。

靴の選び方

①かかと部分をしっかりとフィットさせる。

靴を足にフィットさせるには、靴のヒールと足のかかとをぴったり密着させることが大切です。靴を試着する際、靴を履いたら、かかとを床にトントンと当てて、ヒールをしっかりとフィットさせて、履き心地を確かめます。

②つま先に1~1・5センチ程度の余裕がある。

指が窮屈にならないように、つま先には1~1・5センチ程度の余裕がある靴を選びます。かかとをフィットさせてから、つま先の

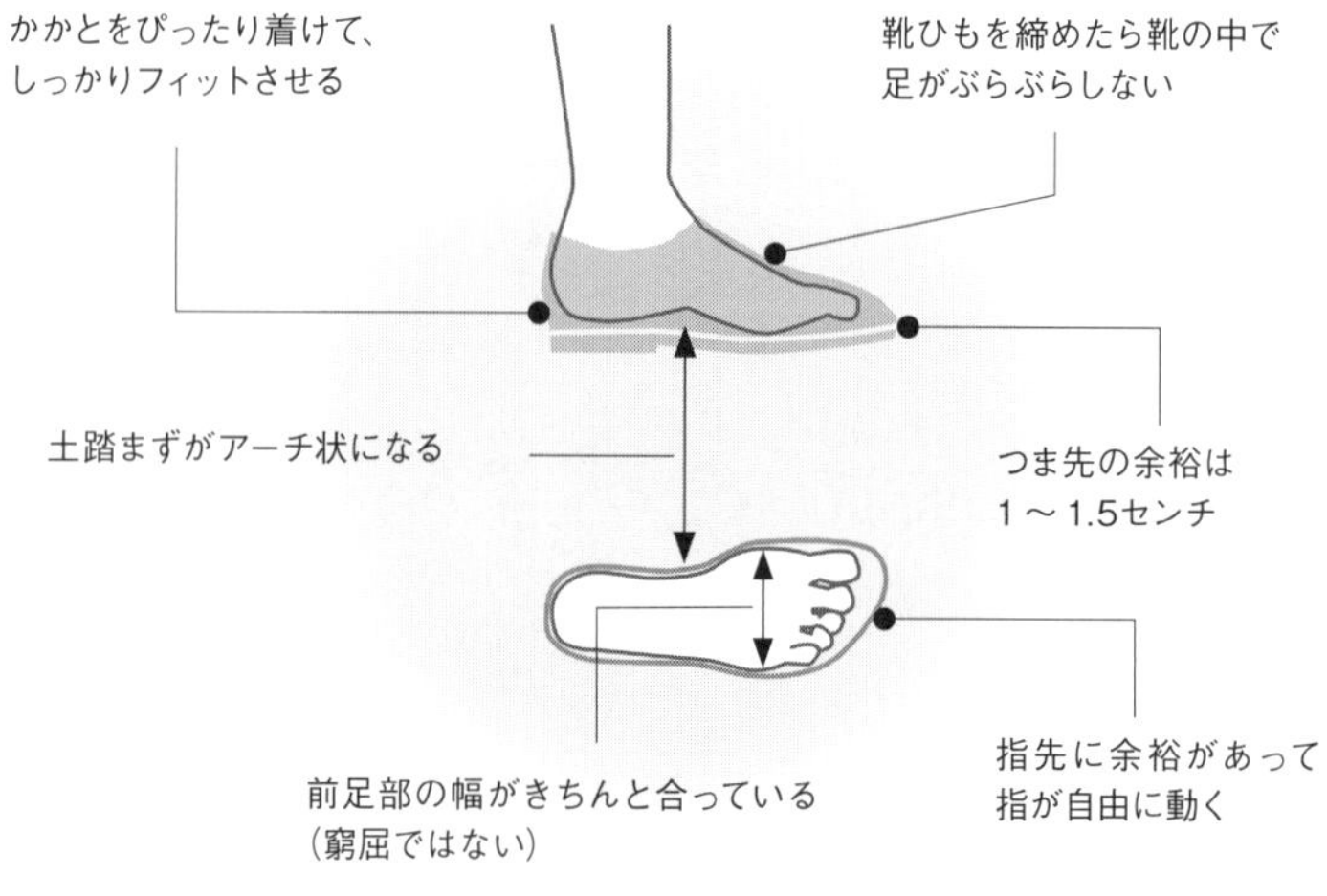
かかとをぴったり着けて、
しっかりフィットさせる
靴ひもを締めたら靴の中で
足がぶらぶらしない
土踏まずがアーチ状になる
つま先の余裕は
1～1.5センチ
指先に余裕があって
指が自由に動く
前足部の幅がきちんと合っている
（窮屈ではない）

靴の選び方

余裕を確かめます。靴を選ぶ際には、ウォーキングのときに着用する靴下を履いておくと良いでしょう。

③重さは軽く、かかと部分は低く、靴底は適度にやわらかく。

靴は軽いものを選びます。また、かかとの部分が高すぎるものは避けます。靴底のクッションは、硬いものよりも、適度にやわらかいものを選びます。

なお、靴を履くときには毎回、靴ひもを結び直すようにしましょう。

靴の脱着がしやすいように、靴ひもを緩く結んで、そのままにしている人もいますが、靴が足にフィットしていないと、つまずいたり、マメや靴擦れができたりします。靴ひもは毎回結び直し、靴と足を必ずフィットさせるようにしましょう。マジックテープのものだと、靴ひもを結ぶ手間が省けます。

靴はメーカーやモデルによってサイズ感が異なります。足の形や重心のかかり方によって、靴のフィット感は大きく異なります。自分でどの靴を選べば良いかわからないときには、店員さんに聞いてみましょう。店によっては、足を採寸し、足の形に合った靴を提案してくれます。

なお、靴を選ぶ際、靴のフィット感と同じくらい重要なのがデザインです。

「おしゃれは足元から」といいますが、履くとワクワクする、ウキウキするようなお気に入りの一足があると、外出が楽しくなります。

歩行練習と筋トレを組み合わせる

私はリハビリの際に歩行練習と筋力トレーニング（筋トレ）を組み合わせて使います。なぜなら、歩行で強化できる筋肉と筋トレで強化できる筋肉は違うからです。

筋肉には「遅筋」と「速筋」の2種類があります。

遅筋は文字通りゆっくり動くときに使う筋肉です。持久性があり、疲れにくいといった特性があります。速筋は瞬間的に大きな力を出せる筋肉で、瞬発性に優れています。この2つの筋肉の特性がはっきりわかるのが陸上の短距離走と長距離走です。短距離走の選手は瞬発力が必要なので速筋が発達しています。一方、長距離走の選手は持久力が必要なので遅筋が発達しています。

加齢による身体能力の衰えの原因として、速筋の減少が挙げられます。速筋が減少すると、動きが鈍くなり、動くことが億劫になってきます。最悪の場合、寝たきりに陥ってしまいます。

歩行はゆっくりとした運動なので、主に遅筋が使われ、速筋はほとんど使われません。速筋を鍛えるには筋トレが効果的です。「今日は家の周りを歩いてから、立ったり座ったりを10回行う」といったように、歩行練習と筋トレを組み合わせてみましょう。

実際に、歩行練習と簡単な筋トレを中心としたリハビリで状態が良くなった人を何人も見てきました。筋トレといっても、難しいものではありません。椅子を使った立ち上がり練習や簡単なスクワットなどです。詳しくは巻末付録をご参照ください。

日本人は1日の3分の1を座って過ごしている

アメリカの医学会誌によると、私たち日本人が1日に座っている時間は約7時間だそうです。この数字は調査対象となった世界20カ国の中で最長でした。

この調査結果によると、**私たちは1日の約3分の1を座って過ごしていることになります。**

したがって、座っているときの姿勢は非常に重要です。しかし、周りの座っている人を見てください。足を組んでいる人、前かがみの人、背もたれに寄りかかって浅く座っている人が多いように思います。このような崩れた姿勢は一時的には楽ですが、しばらくするとお尻や腰が痛くなってきます。これは関節や筋肉に過度な負荷がかかっている証拠で、このような座り方がクセになってしまうと猫背（円背）や側弯症といって背骨が左右に弯曲した姿勢になる恐れがあります。

長時間、崩れた姿勢で座っていると、歩行時の姿勢も悪くなってしまいます。逆にいうと、座っているときの姿勢を正せば、立っているときの姿勢、歩行時の姿勢も正すことができます。

座るときは骨盤を起こして

座っているときの姿勢を真横から見て、耳たぶのやや後ろ、肩峰（肩にある骨の突起）、坐骨が一直線になるのが座るときの正しい姿勢です。

①軽くあごを引いて、顔全体が前を向くようにします。
②肩の力を抜き、胸を軽く張ります。
③骨盤を起こして、坐骨に体重がかかるようにします。
④ひざを90度前後に曲げて、足の裏全体が地面に接地するようにします。
⑤机は肘を90度曲げられる高さが理想です。

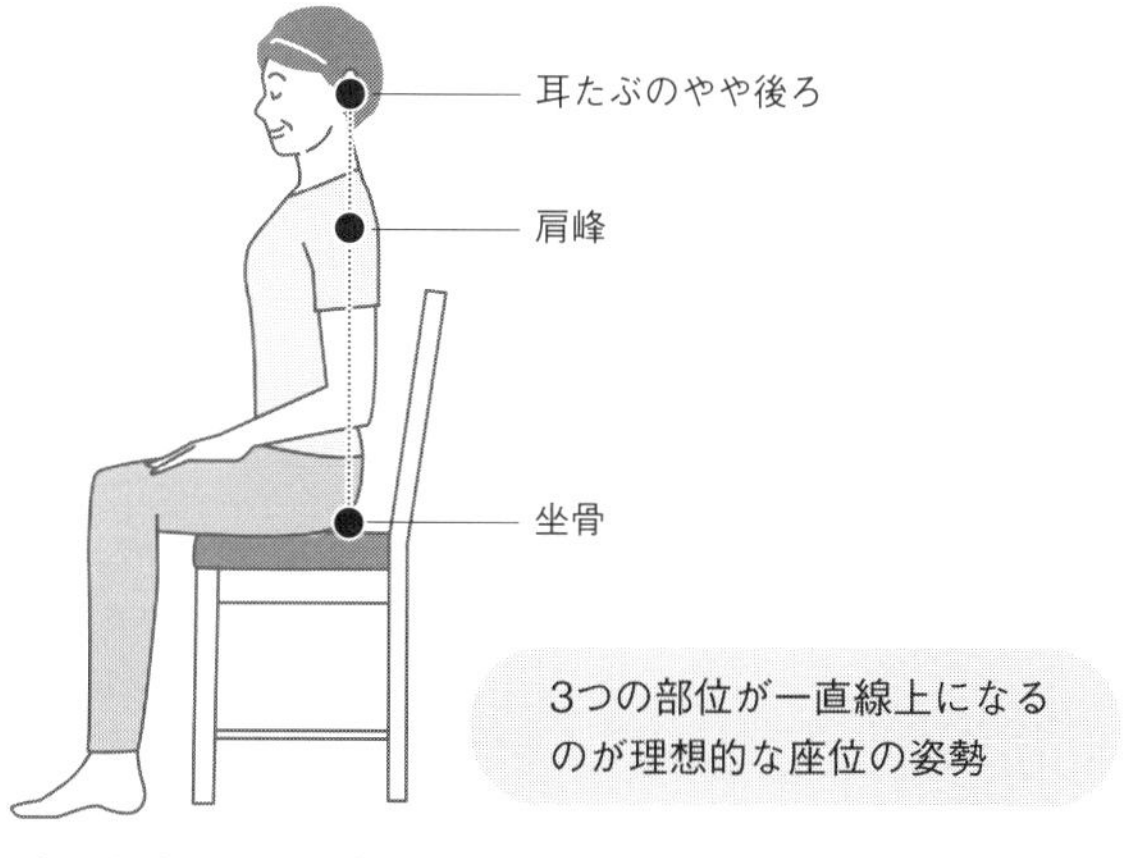
耳たぶのやや後ろ
肩峰
坐骨
3つの部位が一直線上になるのが理想的な座位の姿勢
座るときの正しい姿勢

第3章

健康寿命を延ばす秘訣は日常にあり

高齢者でも筋力は向上する

成人になると年齢とともに筋力は低下します。筋肉量は20代から減少が始まり、80歳までに約30％減少するといわれています。したがって、成人した人間が筋力を維持するには運動やトレーニングが必要です。高齢になっても運動やトレーニングによって、筋力を向上させることができます。

実際、高齢者でも筋トレによって筋力（下肢筋力）が20％向上したという研究結果があります。

しかし、筋力を向上させるための運動やトレーニングは、今日明日に体がムキムキになって身体機能が目に見えて向上するわけではないので、充実感が得られず、次第にモチベーションが低下し、途中でやめてしまうことが多いのです（これは若者でも同じです）。その結果、筋力が低下してしまい、日常生活に支障をきたすようになります。すなわち健康寿命が短くなってしまうのです。

運動が健康に良いのはわかっていても続かない

高齢者に限らず、定期的な運動が健康に良いのは周知の通りです。高齢者の定期的な運動に関するデータをいくつか紹介します。

①運動習慣は、高齢者の筋力や持久性、平衡性などを維持・向上させる。
②運動を定期的に行っている人は、うつ状態や精神充実度などの精神健康度、および日常生活動作や体力満足度などによって測定される身体健康度が高い。
③運動やスポーツ活動に参加することにより、日常生活における身体活動量、運動量を増加させ、体力低下を防止する。

ここで紹介した研究以外にも定期的な運動が心身の健康に有効であることを示した研究はたくさんあります。

しかし、定期的な運動が健康に良いとわかっていても、実際に運動を続けている人はそれほど多くはないのです。高齢者の運動に関して実施された調査によると、週1回以上運動する人は全体の27％、月1～2回運動する人は8％、運動をしない人は65％という結果でした。

事実、私自身も毎年お正月には今年の目標として「今年の夏までには腹筋を6つに割ってやる！」と意気込んで筋トレを始めますが、1カ月くらいでやめてしまいます。6月頃になって焦って筋トレを再開するものの夏には間に合わないことを悟り、結局やめてしまいます。このようなことをかれこれ5年ほど繰り返しています。

運動が健康に良いのはわかっていても続けられないのは、私自身もよくわかっています。

しかし、私も含めて運動が続けられない人でも運動を続ける方法はあります。

日常生活の中で健康寿命を延ばす

筋トレが1カ月しか続かない私でも続けていることがあります。

朝起きたらまずシャワーを浴びて、コーヒーを飲みます。それから髪を整えて、歯を磨きます。面倒くさがりで根気がない私でも、この行動は5年以上続けています。

なぜ、続けることができるのか？

当たり前のことですが、この行動が日常生活の一部になっているからです。

ここに健康寿命を延ばすヒントがあります。たとえ面倒なことでも、日常生活の一部になっていれば無意識に実行します。つまり、**健康寿命を延ばす行動を日常生活に組み込むことが、無理なく健康寿命を延ばすコツなのです。**

実際、元気な高齢者に「○○さんは本当に元気ですね。何か秘訣はあるんですか?」と聞くと、「べつに何もしてないんだけどね」という返事が返ってきます。しかし、よくよく聞いてみると、朝、昼、夕方とバケツに水を汲んで玄関前に打ち水をしたり、毎日近くのスーパーに歩いて買い物に行ったりと、適度な運動が日常生活の中に組み込まれていたのです。元気な高齢者は健康寿命を延ばす行動が日常的になっているのです。

そこで、私の経験と理学療法の知見から、日常生活で健康寿命を延ばすヒントとアイデアを紹介します。

適度な段差と階段が健康寿命を延ばす

山口県のある通いの場で、私は雪子さん（80代）と出会いました。

「通いの場」とは、高齢者向けの体操教室や茶話会、趣味のサークルなどで、さまざまな活動を通じて心身に刺激を与えたり、仲間と交流してリフレッシュしたりするところです。通いの場は介護予防につながる重要な取り組みであり、厚生労働省も拡充させる方針です。

雪子さんが通いの場に行くようになったきっかけは友人の紹介だったそうです。数年前にご主人を病気で亡くされてから、家に閉じこもりがちだった雪子さんを心配して、友人が声をかけてくれたとのこと。雪子さんは今まで大きな病気をしたことがなく、身の回りのことはすべて自分で行うほど元気です。出かける際には、念のために杖を持っていくそうですが、杖を使う機会はないだろうと思えるくらい、しっかり歩くことができています。そんな「高齢」で「閉じこもり」だった雪子さんが、なぜこんなに元気なのか不思議でなりません。話しているうちにすっかり打ち解け、「お昼には家に帰るけど、よかったら一緒にご飯どう?」と昼食に誘っていただきました。自宅に伺えば何か健康のヒントが得られるのではないかと思い、ありがたくお誘いを受けました。

通いの場から雪子さんの自宅へは延々と坂道が続いています。距離にして約1キロ、ゆっくり話しながら坂道を上ると30分もかかってしまいました。そして、家の中を見た瞬間、私の疑問がすべて解けました。家中の至る所に段差があるのです。玄関には約30センチの段差。部屋と部屋の境にも段差。台所と居間の境にも30センチの段差。閉じこもりで筋力が低下した高齢者が、こんなに段差の多いバリアフルな家に住んでいると必ずつまずくはずです。転倒による骨折もありえます。しかし、雪子さんは自宅で転んだことは一度もありません。雪子さんにとって、段差を上ったり下りたりするのは日常的な行動なのです。

高齢者のリハビリで、段差昇降練習（段差を上り下りする練習）は主要なメニューの一つです。段差昇降練習は短い時間で筋肉と心肺機能に高い負荷をかけることができます。実際に私も訪問リハビリの際には、家の中の段差を使って段差昇降練習を指導することがよくあります。

では、実際に雪子さんの日常生活をリハビリの視点から見てみましょう。

台所と居間の境には30センチの段差があります。台所に食事や飲み物を取りに行く際には、その都度30センチの段差昇降練習をすることになります。トイレにも10センチの段差がありますます。1日8回～10回トイレにいけば、その都度10センチの段差昇降練習をすることになります。**食事やトイレは日常的な行動なので、雪子さんは段差昇降練習を日常的に行っている**

ことになるのです。

閉じこもりの状態だったにもかかわらず、現在も元気で過ごしている雪子さんの健康の秘訣は、この「段差」にあったのです。

バリアフルでも良い

昨今、住宅や公共施設のバリアフリー化が進んでいます。しかし、バリアフリー化によって段差がなくなった環境では、段差のない生活に体が慣れてしまいます。当然、段差を上るために必要な筋力も低下します。人によっては階段を上り下りする体の使い方を忘れてしまうこともあります。そうすると、長い階段や坂道を上ったあとに、強い疲労感をおぼえたり、何日も続く関節痛や筋肉痛に襲われたりすることがあります。その結果、次第に外出を控えるようになり、閉じこもりの状態になる可能性があるのです。

雪子さんは閉じこもりの時期がありましたが、日常生活がリハビリを兼ねていたので、体力や筋力が維持できていたのでしょう。

また、雪子さんの家には段差が多いにもかかわらず、手すりがほとんどついていません。私は仕事上、さまざまな家を訪問しますが、手すりの設置について間違った認識を持っている家庭を時々見かけます。

段差があるところすべてに手すりを設置している家がありますが、元気なときから手すりに頼ってしまうと、徐々に手すりなしでは段差の上り下りができなくなります。元気なときは「よいしょ！」と、足の力だけで段差を上ったほうが筋力の維持につながります。

ただし、手すりに頼らないのはあくまでも元気なときに限ってです。手すりがないと不安を感じたり、他人から「危ない」といわれたりするようになったら手すりを設置しましょう。がんばりすぎて転倒したら元も子もありません。

雪子さんのように、バリアフルな環境が健康寿命を延ばすこともあります。実際、あえて段差や階段を作っている介護施設もあります。

床からの立ち上がりは筋トレになる

雪子さんの口癖は「よっこらせ」（よっこいしょ）。

じつはこの言葉に健康寿命を延ばすヒントが隠されています。

「よっこらせ」と声が出るのは、体にグッと力を入れたときです。**したがって「よっこらせ」**

と声が出るたびに体に力が入り、無意識のうちに筋トレやリハビリが行われているのです。

雪子さんが「よっこらせ」というのは、床から立ち上がるときです。床に座っている状態から立ち上がる動作は筋力が弱いと難しいので、高齢者にとっては難易度が高いのです。実際、自力で床から立ち上がれない高齢者は少なくありません。

じつは20センチの台から立ち上がり動作ができれば、自力で歩くことができ、階段も上ることができる可能性があります。

雪子さんは20センチの台どころか、床から立ち上がっていました。細かくいうと、床からの立ち上がりと20センチの台からの立ち上がりでは、使う筋肉やバランス能力など求められる要素は変わってくるのですが、低いところから立ち上がる動作は高い負荷の動作であることには変わりありません。しかも、その動作を1日に何回も、毎日続けていたのです。

ちなみに、30センチ、40センチと台が高くなるにつれて弱い筋力でも立ち上がることができます。20センチの台と40センチの台がある人は、実際に立ち座りを試してみてください。足にかかる負荷の違いを実感できるはずです。40センチの台からの立ち上がり動作ができない人は、歩行時や階段を上る際に介助が必要となる可能性があります。

椅子に慣れている人は筋トレを取り入れる

20センチの台から立ち上がり動作ができれば自力で歩くことも、階段を上ることもできる可能性が高いのです。雪子さんのように普段から床で生活している人ならば、この程度の筋力は維持できている人が多いでしょう。

では、椅子とダイニングテーブルで生活をしている人は、床に座るようにしたほうが良いのでしょうか？

答えはＮＯです。

椅子に慣れている人は、そのまま椅子を使い続けましょう。なぜなら、**椅子に慣れている人が床に座ると、横になって寝転がってしまうことが多いからです。**

ただし、椅子での生活では運動負荷が十分に得られていないことがあるため、椅子を使った筋トレを日常生活に取り入れましょう。詳しくは巻末付録をご参照ください。

筋トレは「ながら運動」でも構いません。テレビを見ながらでも、会話をしながらでも構わないので、この筋トレを習慣化しましょう。ただし、転倒したときのことを考えて、床から立ち上がれるかどうかは確認しておいてください。実際、高齢の方が自宅に一人でいたときに、椅子から転倒してしまい、床から立ち上がることができず、家族が帰ってくるまでの

3時間、床で横になっていたということがありました。このようなアクシデントもあるので、床から自力で立ち上がることができるかどうかは必ず確認しておきましょう。

✦ 歩くことは健康寿命を延ばす万能薬

第2章で「正しい歩き方」について述べましたが、ここでは歩くことでどのような効果が得られるのかを具体的に考えていきます。

立ち上がることや段差を上ることの効果は前述の通りですが、歩行の効果は多岐にわたります。歩行は健康寿命を延ばす万能薬といっても過言ではありません。ここでは主な歩行の効果を紹介します。

●歩行の効果

①心肺機能と血管の強化

酸素の摂取量が増え、心肺機能が向上し、血管が強化され、心臓血管病を防ぐ。持久力が向上する。

②代謝の活性化

体脂肪を減らし、代謝を活性化し、インスリンの働きを良くして内臓肥満、高血圧、糖尿病などのメタボリックシンドロームを防ぐ。

③コレステロール値の改善

悪玉（LDL）コレステロールを減らし、善玉（HDL）コレステロールを増やして脂質異常症や動脈硬化を防ぐ。

④免疫力の増強

NK細胞（免疫細胞の一つでがん細胞の攻撃に効果的に働く細胞）を強化して、がん細胞の増加を抑止する。

⑤骨密度を高める

骨芽細胞を活性化させて骨密度を高め、骨粗鬆症や骨折などを予防し、寝たきりを防ぐ。

⑥脳の活性化

脳の血行を良くし、脳血管疾患や認知症のリスクを低下させる。

⑦体のバランスを整える

肩こり、腰痛などが改善する。

⑧自律神経のバランスを整える

自律神経のバランスを整え、眠りの質を改善する。腸内環境が良くなり便秘を解消する。

どれくらい歩けば良いのか

歩行が健康に良いことは理解していただいたと思いますが、では、実際にどれくらい歩けば良いのかわからない人が多いのではないでしょうか。

そこで高齢者の健康と歩行に関する研究「中之条研究」のデータを紹介します。

この研究では、１日８０００歩（20分の速歩きなどの中強度活動を含む）が目標となります。

以前は１日１万歩以上が推奨されていました。しかし「中之条研究」によると、１日１万２０００歩以上の場合と、１日８０００歩の場合では、病気の予防効果にはほとんど差はありませんでした。むしろ１万２０００歩

歩数	中強度の活動時間	予防できる病気
2000歩	0分	寝たきり
4000歩	5分	うつ病
5000歩	7.5分	要支援・要介護、認知症、心疾患、脳卒中
7000歩	15分	がん、動脈硬化、骨粗鬆症、骨折
7500歩	17.5分	筋減少症、体力の低下
8000歩	20分	高血圧、糖尿病、脂質異常症、メタボリックシンドローム（75歳以上）
9000歩	25分	高血圧（正常高値血圧）、高血糖
10000歩	30分	メタボリックシンドローム（75歳未満）
12000歩	40分	肥満
12000歩（うち中等度の活動が40分以上の運動）は健康を害することもある		

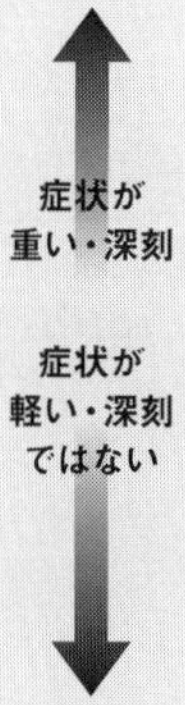

（参考）「1年の1日平均の身体活動からわかる予防基準一覧」（健康長寿研究所）

以上歩くと、疲れとストレスで免疫力が低下し、かえって病気にかかりやすくなるというデータもあります。したがって、**1日8000歩で十分といえます。**

ただし、この歩数はあくまで目安であって、性別、年齢、体力や心身の状態によって異なります。同じ歩数でも、気温によって疲労度は異なります。道が平坦か坂道かによっても負荷は変わります。歩数にこだわって運動した結果、ひざを痛めたり、脱水状態になったりすれば逆効果です。重要なのは、無理のない範囲で行い、毎日継続することです。

ただし、無理のない範囲といわれても、どの程度なのかわからないと思います。運動中の心拍数を目安にすることもありますが、最も信憑性が高いのはご自身の体が発する疲労のサインです。自分の感覚で構いません。感覚的に「楽」から「ややきつい」と感じる程度が「無理のない範囲」です。

歩行中、息が上がってきて「きついなぁ」と独り言が出たら疲れている証拠です。心臓がドキドキして呼吸も苦しく感じているはずです。このようなときは公園や喫茶店でゆっくり休みましょう。特に関節に痛みや違和感をおぼえたら、すぐに中止してください。関節の故障はこじらせてしまうと治るまでに時間がかかります。

長い距離を歩きたい場合は、少しずつ距離を延ばしていきます。最初は自宅の周りを歩いてみましょう。次に近所の公園や神社などへ出かけてみます。このようにして目的地を少しずつ遠くに設定していきます。遠くに行く場合には、疲労や怪我などで歩けなくなったときのことを考えて、適度に人通りがある道を歩きましょう。また、身分を証明できるものと、交通費程度のお金は持っていきましょう。

走らなくても良い

歩くのに飽きた人や、もう少し負荷を強くしたいという人から「ジョギングのほうがより健康に良いのではないか」という質問を受けます。

確かに、ジョギングは体力の向上につながりますが、体にかかる負荷も大きくなります。長い目で見ると、ジョギングは体のどこかに支障をきたします。たとえば、ひざ関節にかかる負荷は、歩行時は体重の約3倍ですが、ジョギングでは約7倍になります。また、ジョギングは心臓への負荷も大きくなります。歩行や筋トレなど負荷が軽度から中等度の運動は、心臓の機能を高めるといわれています。しかし、ジョギングは負荷が大きく心臓を酷使することになります。

普通の歩行では負荷が物足りない場合は、大股で歩くか、会話ができる程度の早歩きにすると、負荷が強くなります。

ペットがいれば杖いらず

「ペットを飼うと健康に良い感じがする」というのは何となくイメージできますが、これは科学的にも証明されています。

ストレスを感じている高齢者で犬を飼っている人と、飼っていない人とを比較したとき、犬を飼っていない人の年間通院回数は10・4回に対し、犬を飼っている人は8・6回となり、犬を飼っている人の通院回数は少ないというデータがあります。

では、実際に犬を飼った場合を考えてみましょう。

犬を飼うと散歩をしなければいけません。犬種にもよりますが、毎日30分〜60分の散歩が必要といわれています。この30分〜60分の散歩が、どれほど健康に寄与するかを考えてみます。たとえば、30分の散歩で2キロ歩いたとしましょう。歩数に換算すると約3000歩になります。前述の通り、一日に必要な歩数は8000歩なので、30分の散歩で一日に必要な歩数の約半分を得ることができます。

また、犬は一定のペースでまっすぐ歩くわけではありません。臭いをかぎながら右に行ったり左に行ったり、急に止まったりします。また、犬がうんちをすれば、しゃがんでうんちの処理をします。**体を上下左右に動かすことは、バランス能力の向上につながります。**

バランス能力は転倒のリスクを左右する重要な要素です。

ちなみに、バランス能力を測る簡単なテストに片脚立ちがあります。60歳以上の高齢者で、5秒間の片脚立ちができない場合、日常生活に支障をきたす可能性が高くなるといわれています。たった5秒ですが、やってみると意外と長く感じるはずです。

なお、この片脚立ちテストを行う際には、バランスを崩したときに転倒しないように、手すりなど掴めるものがある場所を選んでください。

動物がいるデイサービス

利用者が到着すると、犬がお出迎えしてくれるデイサービスがあります。

廊下には大きな水槽があり、たくさんの種類の魚が泳いでいます。小さな庭があり、そこで犬と散歩をすることができます。専門のスタッフがいるため、安心して動物と触れ合うことができます。

最近、動物がいるデイサービスは増えており、犬や猫はもちろん、中にはうさぎやオウム、インコなどの鳥を飼っているところもあります。

外出が嫌いな人でも、動物が好きな人は動物に会うために積極的にデイサービスに行くケースがあります。

実際、「デイサービスはずっと座って話しているだけなので嫌だ」といっていた男性が、猫がいるデイサービスに移ったとたん、大好きな猫に会うために、積極的にデイサービスに行くようになったというケースがあります。この男性は外出する機会が増えたおかげで、歩行能力も大幅に改善したそうです。

動物の種類によっても得られる効果は異なります。

普段は椅子に座りっぱなしで、運動の機会が少ない人が、犬と散歩をすることで歩行の機会を得ることができます。

ウサギなどの小動物を抱っこする動作には、しゃがんでから立ち上がるという運動と、手と腕の筋肉を使って動物を抱えるという筋トレの要素があります。

水槽の中で素早く動く魚を目で追うという動作には、目の筋肉の筋トレや、識別能力が向上する効果が期待できます。

また、デイサービスにはさまざまな利用者が集まるので、打ち解けるまでに時間がかかることがありますが、動物がいることによって共通の話題ができて、早く打ち解けることができます。

動物が好きな人には、動物がいるデイサービスはお勧めです。

アニマルセラピー

「アニマルセラピー」とは動物と触れ合うことで、心を癒したり、元気を取り戻したりすることです。

アニマルセラピーの一種に「ドッグセラピー」と呼ばれる治療法があります。文字通り、犬と人間が触れ合うことで、精神的な安定や身体機能の回復が期待できます。**認知症の高齢者に対してドッグセラピーを施したところ、ストレスの緩和、うつ状態の改善、活動量の増加など心身両面において有効だったという報告があります。**

一般社団法人ペットフード協会の調査によると、「犬を飼育することで得られた効果」として、全体の約40~50%の人が「情緒が安定するようになった」、「寂しがることが少なくなった」、「ストレスを抱えなくなった」と答えています。

また、アニマルセラピーを全国で導入した場合、高齢者の通院回数が減少して、約1350億円の医療費削減につながるという試算データもあります。

犬の散歩で人とつながる

人とのコミュニケーションが健康へ与える影響は多大です。外出するきっかけがなくて、家に引きこもりがちな人は犬を飼ってみることをお勧めします。

ヒトと動物の関係についての論文では、**犬を飼うことで外出の機会が増え、活動範囲が広がり、地域とのつながりが促進されると報告されています。**

犬を散歩させていると「わんちゃん、かわいい」とご近所さんが寄ってきたり、犬の飼い主同士で犬の話題で盛り上がったりすることもあります。実際、公園やドッグランでは、飼い主同士で楽しそうに会話している様子を目にします。また、頻繁に顔を合わせる仲になると「最近、○○さんの姿を見ないわねえ」と気にかけてくれ、何かトラブルがあったときには早期発見につながる可能性もあります。

このような効果は散歩が不要な猫や小動物などのペットでは得られない、散歩が必要な犬を飼うことでしか得られない効果です。ただし、身の丈に合わない大きな犬を飼ってしまうと、引っ張られて転倒する可能性もあるので注意してください。

✦✦入浴施設に行く効果

厚生労働省の「介護サービス施設・事業所調査」（2016年）によると、介護保険施設の利用者の男女比は約2：8となっています。私の知っている通いの場でも、圧倒的に女性の利用率が高いです。

通いの場に行くという行動には多くの健康寿命を延ばす要素を含んでいるので、女性だけでなく男性にも利用してほしいと思っています。ただし、通いの場に行きたくないなら、無理に行く必要はありません。楽しくないところに行ってもストレスがたまるだけです。世の中には通いの場と同じような効果を得られる場所があります。

男性でも気軽に行ける

通いの場と同じような機能を持ち、男性の利用率が高い場所があります。

それは銭湯や温泉などの入浴施設です。

私は男性なので男湯の様子しかわかりませんが、顔見知り同士が湯に浸かりながら、自分の近況や地域の出来事などを話している様子はまさしく通いの場そのものです。あるとき、一緒に湯に入っていた高齢の方に通いの場について聞いてみたところ「そんなところに行かなくても元気だよ！　行っても楽しくないしなぁ」という返事がきました。私も高齢になったときにまだ体が元気であれば、女性が多い通いの場に行くのをためらうかもしれません。

しかし、近所の銭湯には気軽に行くと思います。

入浴施設に行くメリット

まずは一般的にいわれている入浴施設に行くメリットを挙げてみます。

①浴場が広く開放的な雰囲気でのストレス軽減
②手足を伸ばせる大きな浴槽でのリラックス効果
③サウナの温熱効果

いずれも家のお風呂ではなく入浴施設に行かなければ得られないメリットですが、この中でも体への効果を最も実感しやすいのはサウナでしょうか。

サウナで大量の汗をかくと、心身ともにリフレッシュできて、とても体に良いような感じがします。アメリカの有名な医学雑誌によると、サウナに週2〜3回通っている人は、週1回の人と比較して、心臓病による突然死のリスクが約20%低いと報告されています。ただし、高血圧症や呼吸器疾患など基礎疾患のある人がサウナを利用すると、心臓に過度な負荷がかかってしまう可能性があるので、医師に相談するようにしてください。

入浴施設にはサウナ以外にも「リラックスする」とか「リフレッシュする」といったメリットがありますが、理学療法士の私が注目するメリットは他の部分にあります。

それは「入浴施設に行く」過程で得られる一連の行動です。

入浴施設に行くときには、歩行、立ち上がり、段差や階段の上り下りを行います。また、浴場の濡れた床を移動するときは、全身でバランスを取りながら、足先にグッと力を入れて歩きます。浴槽に出入りするときには股関節を大きく動かします。立ったり、座ったりする動作も多くなります。お風呂やサウナに入ることも重要ですが、むしろこの一連の行動に、健康寿命を延ばす効果があると考えます。入浴施設は精神面と肉体面の両方に非常に良い効果があるので、積極的な利用をお勧めします。もちろん、転倒のリスクも隣り合わせなので十分に注意してください。

温泉付きデイサービスもある

場所によっては、温泉に入れる「温泉付きデイサービス」があります。医療や介護に精通する専門スタッフが見守る中で温泉に入れます。中には特別浴（機械浴）と呼ばれ、立ったり座ったりすることが困難な人のために、専用の車椅子で入浴できる設備、ストレッチャーに寝たまま入浴できる設備などを用意しているところもあります。また、トレーニング機器が豊富に用意され、専門職によるリハビリが受けられるところもあります。

病院やリバビリ施設で、筋トレや歩行練習などのリハビリと、ホットパックなどを使った温熱療法との併用を経験した人もいると思います。温熱療法には、筋肉の緊張緩和作用（筋肉をほぐす効果）があり、入浴にも同じ効果が期待できます。麻痺や拘縮などで思うように動けない人が、温泉に入り、体をほぐしてからリハビリや機能訓練を受けると、より高い効果を得ることができます。入浴後のストレッチが効果的といわれている理由と同じです。

また逆に、体を動かしたあとに温泉に入ると、高い疲労回復の効果があります。

いずれにしても、温泉付きデイサービスの最大のメリットは「デイサービスに行って温泉に入りたい」という温泉そのものの魅力です。**「温泉に入りたい」という欲求が家から外出することを促します。**

特にデイサービスへの参加率が低い男性にとっても、温泉に入れるデイサービスは魅力的だと思います。

園芸は食べて良し、健康に良し

農作業をしている人は、とても健康的に見えます。

実際、65歳以上の高齢者を対象とした農作業に関する研究では、農作業をする人はしない人にくらべて、運動機能、精神的状態、社会的ネットワーク（近所付き合いなど）が良好な傾向にあると報告されています。また、農作業をする人はしない人にくらべて、高血圧症、糖尿病、高尿酸血症、脂質異常症の比率ならびに血中脂質の値が低かったという報告もあります。

農作業の運動効果は高い

農作業には土を耕す、種をまく、水や肥料を与える、雑草を刈るなど多くの動作があります。これらの動作を理学療法的に解析してみましょう。

◆農道やあぜ道を歩く＝歩行練習
◆不安定な地面で作業をする＝バランス練習
◆段差の上り下り＝段差昇降練習
◆作業中にしゃがんだり立ったりする＝起立着座練習
◆ひもを結んだり、雑草を取ったりする＝巧緻性練習
◆肥料や重い農具などを持ち運ぶ＝四肢・体幹の筋力トレ

農作業では、このような身体的効果の高い運動を行います。また、農作業に従事している人は、多くの種類の食材を摂取しているそうです。農作業は身体面だけでなく、栄養面にも好影響を与えます。

園芸・家庭菜園でも十分な健康効果

「農作業」と聞くと本格的すぎて手が出せない人も多いでしょうが、**家庭菜園や趣味レベルの園芸でも健康に対する効果は十分にあります。**

高齢者の農作業に関する研究によると、家庭菜園や趣味レベルの園芸を日常生活に取り入れている人は、農業従事者ほどではないにしても、食事をはじめとする生活状況が比較的良好で、糖尿病や高尿酸血症にかかりにくい傾向があるそうです。

リビングのソファーが定位置で、ほとんど動かずにテレビばかり見ていた人が、庭に出て花に水をあげたり、プランターの野菜の育ち具合を見にいったりするだけでも、十分な効果が期待できます。実際、私の訪問リハビリの利用者で、庭に鉢を置いて二十日大根を育てるようになってから、身体機能、認知機能ともに改善したケースがあります。

また、ガーデニングを行うことでストレス時に上昇するホルモン（コルチゾール）の濃度が大幅に低下したという報告もあります。

東京や大阪などの都市部には貸し農園（レンタル農園、シェア農園）があります。栽培指導や農具のレンタルがあるところも多く、手軽に農業体験ができます。まずは気軽に花や野菜を育ててみましょう。ちなみに簡単に育てられる野菜として、二十日大根、万能ネギ、ベビーリーフなどがお勧めです。

人とのつながりが健康寿命を延ばす

「社会的な孤立と閉じこもり傾向が重複している者は、どちらも該当しない者とくらべて、死亡率が2倍高まる」という報告があります。

人とのつながりを持つことで活動範囲が広くなり、歩く距離も長くなります。また、健康や病気、介護に関する新しい情報を得る機会が増え、精神的なサポートを受けられる可能性も高まります。

また、人に何かを頼んだり、人から何かを頼まれたりすることも、健康に良い影響があります。**高齢者にとって頼りになる人が身近にいるという安心感と、周りから頼られているという充足感は健康に良い影響を与えます。**

いつも顔なじみの人と会うのも悪くないのですが、たまには知らない人と出会って、新しい人脈を作ることも試みてください。通いの場や体操教室への参加などは新しい人脈を作るきっかけとなります。知らない人と話すのは緊張しますが、ほどよい緊張感は、健康に良い効果があります。知らない場所に行ってみたり、新しい体験をしたりすることも脳に良い刺激を与えます。

外出の効果

高齢者が公園や河川敷などに集まって世間話をしている様子をよく目にします。何かをするというわけでもなく、ただ集まって会話をしているだけです。じつはこの外出して人と会うという行動に健康寿命を延ばす重要なヒントがあります。果たして、この単純な行動にどのような効果があるのでしょうか。

①健康状態を確認する

病気の初期症状は、自分では気づきにくいのですが、他人から見たときの「あれ、何かいつもと違うような?」といった気づきは、病気の早期発見につながります。他者の目線を通じて自分の健康状態を客観的に見ることは重要です。

②会話で脳を刺激する

会話とは言葉のキャッチボールです。相手の言葉を理解して、返答を考えます。このとき、私たちの脳は活発に働いています。会話は脳を刺激するので、認知症の予防にも効果があるといわれています。

③移動

外出とは、家の外に移動する行動であり、その行動自体に運動の効果があります。移動の際にはできるだけ歩いてほしいのですが、歩くことが困難な人は、車椅子や車での移動でも構いません。車椅子の乗り移り、車の乗り降りでも運動効果はあります。

④身なりを整える

外出する際には身なりを整えます。天気や気分に合わせて「今日は何を着て出かけようか」と着るものを選びます。また、髪を整えたり、女性は化粧をしたりと、外出の際にやることは多いのです。外出しなければ、1日中パジャマで過ごすこともできます。外出することが生活に変化と活気をもたらします。

井戸端会議でも十分

「家に帰れば一人になっちゃう人ばっかりだから、顔を見て話すだけでも楽しいんだよ」

これは高知県の小さな町の通いの場で耳にした言葉です。通いの場といっても場所は海沿いの堤防。一升瓶箱を裏返したものを椅子にして、皆さん、それぞれ持ち寄ったお酒と干物を手にあーでもない、こーでもないと話しているだけなのです。一見、とても通いの場の活動には見えません。はたから見れば、ただの井戸端会議です。事実、とりとめのないありふれた会話の内容からすると、単なる井戸端会議以外の何ものでもありません。しかし、これは行政で認められている公的な活動なのです。

もともとは、畑仕事帰りの人が堤防に数人集まって世間話をしていたのが、この通いの場の始まりとのことです。そうしたところ、知り合いがどんどん集まってきて、さらには通りがかった人も参加して、徐々に人数が増えていき、現在の活動になったそうです。

地域のいろんな人が集まって、食べて、飲んで、笑うことは、高齢者の孤立を防ぎ、認知症の予防にもつながります。もちろん、当の本人たちはそんな難しいことは考えず、純粋にこの場を楽しんでいるだけなのです。

子どもとの交流が健康寿命を延ばす

高齢になると、孤独感や喪失感にとらわれることが多くなります。定年退職、子どもの独立、近親者やペットの死など、このような出来事が引き金となり、うつ病を発症することもあります。

高齢者のうつ病は、不安や意欲の低下などに加え、めまい、頭痛、不眠などの身体症状が強くあらわれる場合があります。また、不安や焦燥感が強く、落ち着きがなくなったり、逆に活動性が低下したりと認知症のような症状があらわれることもあります。

「高齢だから仕方がない」と放置しておくと、最悪の場合、自死に至ることもあります。

うつ病には至らなくても、高齢になると、何となく元気がなくなったり、やる気がなくなったりします。高齢になるとこのような精神的な変化が生じやすくなります。

子どもと交流することの効果

かつては三世代が一つ屋根の下で暮らすことも珍しくありませんでした。しかし近年、平均世帯人数は2・5人以下となり、特に都市部では核家族化、高齢者世帯の増加などによって、高齢者と子どもが交流する機会は減ってきています。

高齢者が子どもと接することは、精神面に良い影響を与え、生活の質の向上につながるという研究結果があります。うつ傾向の高齢者にはうつ症状の改善がみられたそうです。また、子どもが高齢者の持つ知恵や経験に興味を示し、高齢者が子どもに物事を教える場面もあったそうです。自分の知識や能力が誰かの役に立つことは、気持ちを前向きにさせます。

最近は保育園など子どもの施設と高齢者の介護施設が一体となった「幼老複合施設」も増えています。幼老複合施設に関する調査によると「ふだんは変化のない高齢者の表情が豊かになる」「身体機能が低下して歩けなかった高齢者が歩くことができるようになった」と報告されています。また、**子どものほうにも「車椅子の利用者や体の弱い高齢者に対する配慮が自然に身についた」といった効果が見られたそうです。**

このように、高齢者と子どもが交流することは、双方に良い影響をもたらします。

子どもと一緒にユーチューブ

ここで私が訪問したことがある徳島県の通いの場を紹介します。

この通いの場は介護が必要な高齢者だけでなく、普通の大人も子どもも利用ができて、近所の子どもたちは遊び感覚で利用しています。見た目は普通の一軒家で、看板がなければ通いの場とは気づきません。場所を提供しているのは2児の母親である智子さん（40代）。週に3回、家のリビングを通いの場として開放しています。近所に、おばあさんが一人で留守番をするご家族があり、それなら「うちでみていてあげるよ」という一言から始まったということです。そのうち、おばあさん一人だと退屈だろうと思い、近所の子どもを交えておしゃべりをしていたところ、次第にいろんな人が集まるようになりました。

私が訪問したのは土曜日のお昼で、3人の高齢者が一つのテーブルを囲んで編み物をしていました。その傍らで智子さんは家事をやっており、その様子はまるでお姑さんが友達を呼んで和んでいる感じでした。

土曜日ということもあり、14時頃には3人の小学生の女の子が遊びに来ました。3人とも慣れ親しんだ様子で、元気に「こんにちは!」と挨拶するやいなや、「おばあさん、テレビゲームをやろうよ!」とおばあさんを誘っています。高齢者がテレビゲームをやれるのかと驚きましたが、おばあさんも「負けないぞ!」とコントローラーを手に取り、ボーリングゲームをやりはじめました。

別の女の子もユーチューブを見ながら最近流行りのダンスをおばあさんに教えはじめました。途中でおばあさんが昔の遊びや歌を女の子に教えると、女の子は「何それ、ダサ〜い」と笑っています。

智子さんいわく、利用者のご家族から「智子さんのところに行き出してから、長年していなかったお化粧をするようになった」、「笑顔で出かける姿を見るのが嬉しい」などの言葉をもらうようになり、この通いの場をやってよかったと感じるそうです。

確かに、今まで家からほとんど出なかった高齢者が笑顔で外出して笑顔で帰ってくる。家族にとってこれほど嬉しいことはないでしょう。家に帰ると「今日はこんなことがあってね……」と今日の出来事を振り返りながら会話を楽しみます。このように記憶をたどって一日の出来事を思い出すことは、認知症予防の効果的なトレーニングとなります。子どもとテレビゲームで体を動かしたり、ダンスをしたりすることで、運動の機会も得られます。

また、高齢者と子どもの間には、お互いに教える・教わるの関係があります。高齢者も子どもも、自分が誰かの役に立っているという気持ちは自信につながります。世代を超えた交流は心身に良い刺激を与え、健康寿命を延ばすことに大きく寄与します。

ちなみに、参加していたおばあさんが今流行りのアイドルをフルネームでいっていたのが非常に印象的でした。

✦ 歯は健康寿命と密接な関係がある

皆さんは毎日、歯を磨いていますか？

私たちは本来、永久歯28本と親知らず上下2本の計32本の歯を持っています。じつは歯と健康寿命にはかなり密接な関係があります。歯磨きや歯の手入れがきちんとできている人は、高齢になっても入れ歯や差し歯が少なく、自分の歯が多く残っています。**自分の歯が残っていると、しっかり噛むことができて、食べ物を喉に詰まらせる可能性が低くなります。**

つまり、窒息や誤嚥（食べ物などが気管に入ること）のリスクが低くなるのですが、自分の歯が残っていることには、これ以外にもさまざまな効果があります。

80歳で歯を20本残す「８０２０運動」

「８０２０運動」をご存知でしょうか。

「８０２０運動」とは「80歳になっても20本以上の自分の歯を保ちましょう」という日本歯科医師会が推進している活動です。

ではなぜ、自分の歯を20本以上保つことが重要なのでしょうか。歯と健康寿命の関係を調査したデータをいくつか紹介します。

◆歯がほとんどなく入れ歯を使用していない人は、歯が20本以上残っている人とくらべて、認知症の発症リスクが1・9倍になる。

◆歯が19本以下で入れ歯未使用の人は、歯が20本以上残っている人とくらべて、転倒のリスクが2・5倍になる。

◆歯が19本以下の人は、歯が20本以上残っている人とくらべて、要介護認定になる可能性が1・2倍になる。

歯が多く残っている人は、食べ物をよく噛むことができるので脳の血流が増加して代謝が活発になります。脳が刺激されれば、認知症の発症リスクを抑えることができます。実際、歯が少ない人ほど記憶や意思を司る脳の一部が小さくなるという研究結果があります。

また、噛む力が衰えている人は、タンパク質の摂取量が低下し、筋肉量が低下するという研究結果もあります。さらに、噛む力は体の平衡感覚にも影響を及ぼします。実際、歯が少なくなっていたり、噛み合わせが悪くなっていたりすると、姿勢が不安定になり、バランス能力が低下するといわれています。これらの要素は転倒のリスクにつながります。

ところで、32本の歯のうち20本を残すということは、約6割の歯を残すことです。「6割の歯を残す」という数字を見ると、意外と簡単に達成できそうな気もします。しかし実際には、80歳以降で自分の歯が20本以上残っている人はわずか37％なのです。

この数字を見てもわかるように、虫歯や歯周病の予防は早い時期から取り組むべきです。健康診断や人間ドッグなどの体に関する定期検査は普及していますが、**これからは歯科検診も定期的に受けましょう。**

自分の歯が残っていることが理想的ですが、入れ歯やインプラントを入れることでも噛む力の低下を防ぐことができます。

唾液の効果

歯が健康寿命に深く関係することに驚かれた人も多いでしょう。その歯の健康と密接に関係しているのが唾液です。

唾液は細菌の繁殖を抑え、口の中をきれいにする働きがあります。しかし、高齢者の約40％が老化や薬の副作用などによって、唾液の分泌量が少なくなり、口の中が乾燥している状態（ドライマウス）になっています。

唾液の分泌量が少ないと口の中の細菌が増殖し、虫歯や歯周病を引き起こします。**歯周病はさまざまな病気と関係があり、心筋梗塞や脳卒中、認知症、誤嚥性肺炎などのリスクが高**

くなります。

食べ物をよく噛んで唾液を分泌させ、歯磨きで口の中を清潔に保つことが健康寿命を延ばすことにつながります。

誤嚥性肺炎にご注意を

高齢者が食べ物や飲み物を飲み込む際、注意しなければならないのが誤嚥です。

通常、飲み込んだものは食道を通って胃に入りますが、嚥下機能（飲み込む力）が低下すると誤って気管に流れ込む場合があります。この状態を誤嚥と呼びます。さらに、食べ物と一緒に口腔内の細菌が肺に流れ込んでしまうと誤嚥性肺炎を引き起こします。誤嚥性肺炎は重症化すると死に至る可能性もある病気で、実際、2021年には約5万人が誤嚥性肺炎で亡くなっており、死因の順位では第6位となっています。

通常であれば、誤嚥するとむせたり、咳き込んだりして誤嚥したものを吐き出します。しかし、高齢になると誤嚥しても、むせや咳が起こらず、誤嚥していることに気づかない場合があります。誤嚥している状態を放置しておくと誤嚥性肺炎の重症化リスクが高まるので、できるだけ早期に発見する必要があります。

以下のようなサインが現れたら誤嚥を疑ってみましょう。

◆食べ物が口の中に残ったままで飲み込めない。
◆食後に声が出しにくい（ガラガラ声やかすれ声など）。
◆食事時間が長くなった。
◆食事量が減少した。
◆体重が減少した。

また、誤嚥性肺炎は典型的な肺炎の症状（発熱や咳、濃い色の痰など）があらわれにくいという特徴があります。**それよりも、なんとなく元気がない、横になっている時間が増えた、傾眠傾向といった日常生活における変化があらわれてくることが多いので注意深く観察することが重要です。**

このような症状が見られた場合は、すぐに医師に相談しましょう。

誤嚥性肺炎の予防で最も重要なのが口腔ケアです。口腔内の清潔が保たれていないと、肺炎を引き起こす口腔内の細菌が増殖してしまい、誤嚥性肺炎のリスクが高まります。

また、誤嚥は飲み込む力の低下によって引き起こされるため、口腔機能を低下させないように努めなければなりません。口腔機能の維持・ケアについては巻末付録をご参照ください。

もし、誤嚥性肺炎になってしまったら、その後の再発予防が重要となります。口腔ケアや口腔機能を維持・改善させることをより一層徹底して行い、また食事形態の見直しも必要です。嚥下機能のレベルにもよりますが、一般的には食べ物をやわらかくしたり、水分にトロミをつけたりします。食事形態に関しては、医師や言語聴覚士からアドバイスをもらうようにしましょう。

✦ 1日に1・2リットルの水分摂取を

人間の体はほぼ水でできているといっても過言ではありません。新生児は約80％、成人は約60％、高齢者は約50％の水分で占められています。高齢になると、水分を蓄えておく筋肉が減少するため、体内の水分量も減少します。体内における水分（体液）は主に3種類（血液、組織液、リンパ液）あり、主な働きは次の2つです。

◆酸素や栄養素、老廃物の運搬と排泄

◆**体温調節**

口から取り込まれた栄養素は、体内で体に吸収されやすい形に分解されて、血液によって体の隅々まで運ばれます。一方で、体に不必要な老廃物も血液によって運ばれ、排泄されます。また、体液は体温調節の役割もあり、体温が上昇すると汗をかき、汗の蒸発熱によって体を冷やします。

1日に必要な水分摂取量とは

人間は1日に約2・5リットルの水分を排泄しますが、同じ量の水分を摂取することにより、体内の水分バランスを保っています。

1日に必要な約2・5リットルの水分のうち、約1リットルは食事から摂取でき、約0・3リットル（300cc）は体内での代謝により生成されます。したがって、残り1・2リットルを飲み物から摂取することになります。**医療機関でも1・2〜1・5リットルの水分摂取を推奨しているところが多くあります（年齢や体型などによって差異があります）。**

まずは現在、1日にどれくらいの水分を摂取しているかを調べてみましょう。水筒や、ペットボトルなど容量がわかるものを使うと便利です。1・2リットルに満たない人は、不足分を意識的に飲むように心がけましょう。

当然ですが、気温が高い夏場や運動などで発汗が多い日は、より多くの水分摂取が必要になります。

水分が不足するとどうなるか？

人間は食べ物がなくても水さえあれば、1カ月は生命を維持することができるといわれています。しかし、水分をまったく補給できない状況が3～4日続くと、死に至ります。人間にとって水分はそれほど重要なのです。

体内から約2％の水分が失われると、のどの渇き、食欲不振などの不快感があらわれます。約6％の水分が失われると、頭痛、眠気、脱力感、情緒不安定などの症状があらわれ、約10％の水分が失われると筋肉のけいれん、循環不全、腎不全などに陥ります。そして、約20％の水分が失われると死に至ります。

また、日常的に水分をあまり摂取せず、体内の水分量が少なくなっている人は、血液がいわゆる「ドロドロ状態」となり、脳梗塞や心筋梗塞のリスクが高まります。

高齢者は水分摂取を意識すること

高齢者は意識的に水分を摂取するように心がけましょう。高齢になると、のどの渇きを感じにくくなります。「のどが渇いていない＝水分が必要ではない」ではありません。のどの渇きを感じたときには、すでに軽い脱水状態になっている可能性があります。したがって、のどの渇きを感じていなくても、意識的に水分を摂取することが大切です。

『水をたくさん飲めば、ボケは寄りつかない』の著者・竹内孝仁氏によると、**1日に1・5リットルの水を飲むと認知症が改善するそうです。**

認知症の人は、昼間はぼんやりとしていても、夜になると騒いだり暴れたりすることがあります。このような行動の原因の一つに、日中の水分摂取量が少ないことが挙げられます。日中から夜にかけて体内の水分が徐々に少なくなっていき、夜には脱水状態になります。脱水状態になると、意識障害が生じ、異常行動があらわれるのです。しかし、日中に十分な水分を摂取すると、そのような異常行動はなくなります。

また認知症の主症状の一つに尿失禁があります。この尿失禁も水分の摂取量を増やすことで改善するそうです。一見、水分の摂取量を増やすと排尿の回数も増えて、尿失禁を助長するように思われるかもしれません。しかし実際は、水分を十分に摂取することで、意識が正常に保たれ、脳が尿意を感じて適切に排尿の指令を出すため、尿失禁を減らすことができるのです。適切な排尿ができると、夜間のトイレの回数を減らすことができ、よく眠ることができます。逆に、水分不足によって脱水状態になると、意識障害が生じ、脳が排尿をコントロールできなくなり、失禁に至るのです。

高齢者向けの体操教室などでは、途中で水分補給の時間を設けているところもあります。私も訪問リハビリの際には、事前に水を準備してもらい、休憩時には水を飲んでもらうようにしています。

ただし、腎臓病や心臓病などで水分摂取が制限されている場合、過剰な水分摂取は危険なので注意してください。

文字を書くことで脳がフル稼働

現代のデジタル社会においては、スマホやパソコンで文字を入力することが多くなり、ペンや鉛筆で紙に文字を書く機会は少なくなりました。

私がかつて勤務していた病院では、常にボールペンを持ち歩き、手書きでカルテを記入していました。しかし、昨今は文字は「書く」ものではなく、スマホやパソコンで「入力する」ものになりました。

私は日記を書くのが習慣でしたが、2カ月間日記を書かない時期がありました。そのたった2カ月のブランクで、文字を書くのが疲れる、人差し指のペンだこが痛い、字が下手になるといったことが起きました。「書く」という動作を、たかが2カ月のブランクで体が忘れつつあったのです。

文字を書く効果

文字を書く動作は脳の活性化に有効です。そのメカニズムを脳科学の視点から考えてみましょう。

文字を書くときには大脳が働きます。大脳は前頭葉、頭頂葉、側頭葉、後頭葉の4つの領域に分けられます。

文字を書くとき、まずは前頭葉の一部である前頭前野の言語領域を使って、言葉や文章を考えます。そして考えた言葉や文章を作動記憶（ワーキングメモリー）の中に留めます。次に、側頭葉で書くべき文字の形を引き出して、前頭葉の運動領域で書くための運動プログラムを作成します。同時に、頭頂葉で適切な文字の大きさ、形、位置などの情報を付け加えます。作動記憶中の情報をもとに文字を書いていきながら、後頭葉で書いた文字を解析して、運動プログラムの修正を行います。

このように、文字を書く動作は、大脳の多くの領域を使っていることがわかります。

このことは、機能的MRI（脳や脊髄の活動に関連した血流動態反応を視覚化する方法）を使って、文字を書いているときの脳活動を調べた研究で立証されています。したがって、文字を書くことは認知機能の向上にもつながります。

では、スマホやパソコンで文字を入力

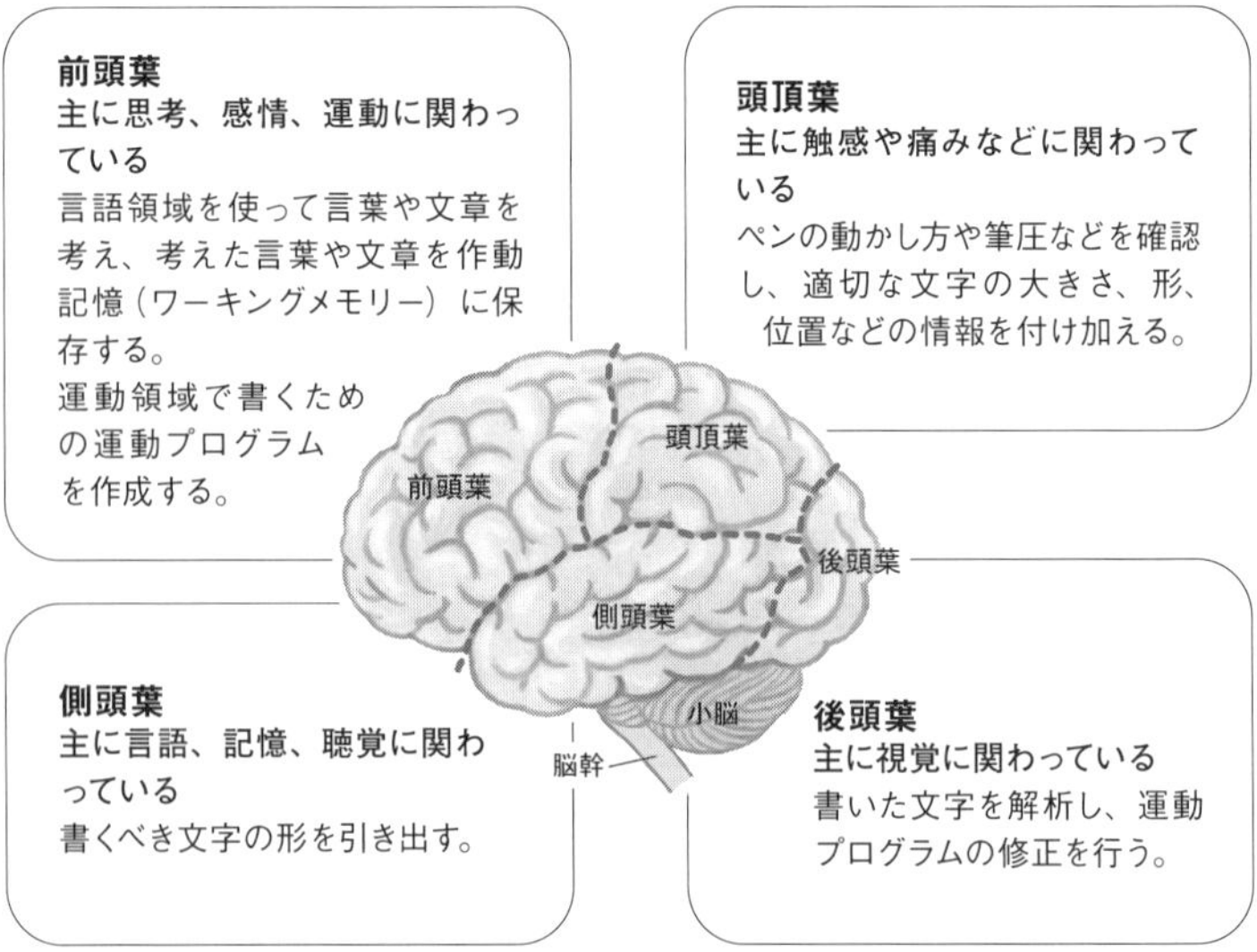

前頭葉
主に思考、感情、運動に関わっている
言語領域を使って言葉や文章を考え、考えた言葉や文章を作動記憶（ワーキングメモリー）に保存する。
運動領域で書くための運動プログラムを作成する。
頭頂葉
主に触感や痛みなどに関わっている
ペンの動かし方や筆圧などを確認し、適切な文字の大きさ、形、位置などの情報を付け加える。
前頭葉
頭頂葉
後頭葉
側頭葉
小脳
脳幹
側頭葉
主に言語、記憶、聴覚に関わっている
書くべき文字の形を引き出す。
後頭葉
主に視覚に関わっている
書いた文字を解析し、運動プログラムの修正を行う。

文字を書くときの大脳の働き

しているとき、脳の活動状態はどうでしょうか。

文字を書くときと同様、言葉や文章を思い出し、入力時も指を動かすので、脳は活性化していると思われますが、じつはスマホやパソコンで文字を入力したときには、前頭前野がまったく働かないどころか、抑制されてしまうそうです。

また、子どもの学力に関する調査では、スマホやパソコンの使用時間が長くなるほど、すべての教科で学力が低下することもわかっています。つまり、脳を活性化させるためには、手で書くという動作が効果的なのです。

日記を書く

日記を書くことを習慣化すれば、より高い脳の活性化が期待できます。

日記を書くためには、会話の相手、食事の内容、楽しかったこと、つらかったことなど、1日の出来事を振り返る必要があります。この振り返りが想起トレーニングとなり、脳を活性化させます。そして、思い出した出来事を日記としてまとめなければなりません。まとめることで、脳はさらに高いレベルで活性化されるのです。


何を書けばいいかわからないという人は、たった1行でも構いません。

「スーパーで○○さんに会った」

「天気が良くて気持ちの良い朝だった」

この程度の日記でも効果があります。

最初から気合いを入れてたくさん書こうとしても、なかなか書けるものではありません。そのうちに書くのがつらくなってきて、やめてしまいます。日記を続けるコツは、些細な事でも毎日書き続けることです。

私も手書きで日記を書きはじめた頃はかなり時間がかかりましたが、毎日続ければ慣れてきます。逆に、日記を書くことが習慣となると、書かないと気持ちが悪くなります。是非、ノートを1冊買って1行日記から始めてみてください。

料理は上質のリハビリテーション

北海道で知り合ったジュン君は、私と同じ世代で、職業も同じ理学療法士です。ジュン君は両親とおばあさんの4人暮らし。ジュン君のおばあさんは100歳を越える年齢ですが、シルバーカーを押して家中を移動しています。着替え、食事など身の回りのこともほとんど自分でできています。唯一、入浴だけは転倒の危険性を考えて訪問介護を利用しているそうです。

なぜ、ジュン君のおばあさんはこんなに元気なのでしょうか？

もちろん、さまざまな要因があると思いますが、私が注目したのはおばあさんが続けている習慣です。

その習慣とは料理を作ることです。

料理を作ることが健康に良いとは、意外に思われるかもしれません。料理を作ることで筋力や心肺機能が向上するわけではありません。ではなぜ、料理を作ることが健康に良いのでしょうか。

料理を作る過程を分解してみる

料理を作ると一言でいっても、その過程にはさまざまな要素が含まれています。そこで、料理を作る過程を細かく分解してみましょう。ここでは、ある日の夕食を想定してみます。

まずはメニューを考えます。

「今晩はうどんにしようかな、それとも主人が好きなカレーを作ろうかな」といったように、メニューを考えるときは思考を巡らせます。

「よし、今日の夕食はカレーにしよう」と決めたら、必要な食材を考えます。冷蔵庫の中を確認して、足りない食材はスーパーに買いに行きます。スーパーでは、各コーナーを歩きまわりながら「どのジャガイモがいいかな？」と鮮度や大きさを確認し、食材をカゴに入れます。カゴが重くなってくると左手から右手に持ち替えます。レジではつり銭が少なくなるように、小銭を足して支払います。帰りは荷物が増えているので、行きよりも負荷が大きくなります。家に帰ったら、料理を作りはじめます。野菜を洗い、皮を剥き、食べやすい大きさに切り揃えます。下ごしらえが終わったら、鍋に食材を入れて軽く炒めます。次に水を入れて煮込みます。食材に火が通ったらカレーのルーを入れて混ぜれば完成です。

料理を作る過程では、重いものを持って歩いたり、手先を器用に使って食材を切ったりします。これらの動作では身体機能の維持・向上が期待できます。しかし、それ以上に料理を作ることには重要な効果があります。それは脳への刺激です。

メニューを考える、食材を選ぶ、火の通り具合を見る。これらの一連の行動の際、脳は活性化されます。ある研究によると、「夕食の献立を考える」、「野菜を切る」、「ガスコンロを使って炒める」、「皿に盛り付ける」の４つのプロセスにおいて、左右の大脳半球の前頭連合野が活性化するという報告があります。

脳の前頭連合野は、学ぶ、考える、手順を追って行動するといった人間が社会生活を営むために必要な判断や行動を司る部位です。**料理を作ることは、脳を活性化させる「脳トレ」を行っていることと同じなのです。**

役割が活力に

普段から料理をしている人でも、高齢になると関節が痛かったり、長時間立っているのがつらかったりして、料理を作ることが難しくなってきます。

しかし、最初から最後まで料理を作ることはできなくても、できる部分だけでも良いので料理にかかわるようにしましょう。包丁で切ることはできなくても、野菜を洗ったり、料理を盛り付けたりなど、できる範囲で構いません。

ジュン君のおばあさんも、料理を作るすべての行程を行うことはできません。台所で椅子に座りながら、ボウルで卵を混ぜたり、炊飯器からご飯を茶碗によそったりすることが主な役割だそうです。

おばあさんのできることは限られていますが、それでも料理を通じて家族の役に立っています。**誰かの役に立っているという感覚は、年齢を問わず生きる活力になります。**

料理を作っているときのおばあさんの顔がとてもいきいきとしていたことが印象的です。

配食サービスの使い方

高齢夫婦や一人暮らしの高齢者で、毎日の食事を作るのがつらくなってきたときには、配食サービスを利用するのも一つの手段です。配食サービスは、お弁当を希望の日時に配達してくれるサービスです。配食サービスのお弁当は、栄養のバランスが考慮されています。配食サービスは介護保険の適用ではありませんが、市区町村の助成を受けられることが多く、1食500円程度で利用できます。配達と同時に安否確認を行ってくれるところも多く、別々に暮らしている家族にとっては、ありがたいサービスです。

ただし、配食サービスを導入する際には、最初から3食全部を配食にするのではなく、まずは1食を配食にしましょう。料理を作る機会をなるべく減らさないようにしてください。

食事に魚を取り入れる

日本は世界トップクラスの長寿国です。厚生労働省の「令和4年簡易生命表の概況」によると、男性の平均寿命は約81歳、女性の平均寿命は約87歳です。

日本人の長寿を支えている理由の一つが「和食」です。

和食の特徴として、さまざまな調理法を用いて魚介類を豊富に使うことが挙げられます。

では、魚介類を多く摂ることが、なぜ長寿につながるのでしょうか。

魚に含まれる栄養素とその働き

魚、特にイワシやサバなどの青魚には、オメガ3系脂肪酸のEPA、DHAが含まれています。オメガ3系脂肪酸には、血液をサラサラにして（抗血栓作用）、動脈硬化を予防する効果があります。つまり、魚には日本人の死因の上位にある心疾患、脳血管疾患を予防する効果があるのです。

ハーバード大学の研究では、血中DHAの値が高いと冠動脈（心臓の血管）疾患による死亡リスクが40％低くなると報告されています。

また、オメガ3系脂肪酸の数値が高い人は、死亡率が27％低下して、平均2・2年長生きするとも報告されています。

さらに、DHAには認知症を予防する効果もあります。魚の摂取に関する研究によると、魚の摂取が認知症のリスクを60％も下げると報告されています。

魚を摂取することはメタボリックシンドロームの予防にも有効です。マウスに高脂肪食と魚油添加食を103週間与えた実験によると、魚油添加食を与えたマウスは、酸素消費量が増えて体重が5～10％減少して、体脂肪の蓄積も15～25％減少したそうです。

魚を取り入れたバランスの良い食事を

魚を食べることが健康に良いことはさまざまな研究で証明されています。実際、私が出会った高齢者を振り返ってみても、元気な人は魚を食べる習慣がありました。魚が健康寿命に寄与することは、私の経験からも裏付けられています。

とはいえ、「魚だけを食べていれば健康になれる」というのは偏った考えです。魚からでは摂取できない栄養素があります。たとえば、食物繊維は野菜や果物から得られる栄養素です。食物繊維は腸内環境を整え、便秘の予防につながります。ご飯やパンから得られる糖質は体を動かすエネルギー源です。

食事によるオメガ3系脂肪酸の摂取量と血中量の研究によると、食事1回あたり140～170グラムの魚を、週に2回以上食べることを勧めています。**週2回はメニューに魚を取り入れつつ、野菜や肉などもバランスよく食べましょう。**

高齢者の糖質制限にはご注意を

世間では「糖質制限」が流行しています。糖質はご飯やパンに多く含まれる栄養素で、我々が活動するエネルギー源です。一方で、余分な糖質は脂肪として蓄えられるので、肥満の原因にもなります。肥満や生活習慣病を改善するために糖質制限を推奨する医師も少なくありません。

高齢者の間にも糖質制限は浸透しており、健康のために糖質制限をしている人もいます。しかし、高齢者の糖質制限にはリスクがあります。**高齢者はエネルギーが不足しがちなので、むしろ積極的に糖質を摂ったほうが良いのです。**

高齢者がご飯や麺類を控えてしまうと、エネルギー不足に陥り、健康に悪い影響が出る可能性があります。免疫力が低下して病気になりやすくなったり、筋力が低下して転倒しやすくなったりします。

ただし、糖質制限はメタボや糖尿病の予防としては一定の効果が示されているので、そのような方は医師の指導のもとで実施するようにしましょう。

歌うことで血行と新陳代謝が促進

コロナ禍のときは大声を出すことを控えなければいけませんでしたが、世の中が正常化しつつある昨今、カラオケで思いきり歌うことができるようになりました。

ここで歌うことの健康面での効果を考えてみましょう。

腹式呼吸

歌うときには大きな声を出します。大きな声を出すとは、大きく息を吸って、大きく息を吐き出すことです。この際、横隔膜が上下に大きく動きます。横隔膜は肺が酸素を取り込んだり、二酸化炭素を吐き出したりする際のポンプの働きをします。また、横隔膜が上下に大きく動くと内臓が刺激されて血行が良くなり、新陳代謝が促進されます。

横隔膜を大きく動かすには腹式呼吸が有効です。

腹式呼吸とは、お腹を膨らませながら鼻から大きく息を吸い込み、お腹を凹ませながら口から息を吐き出す呼吸法です。腹式呼吸を行うと、横隔膜の動きが大きくなり、より多くの酸素を取り込むことができます。歌うときにはぜひ腹式呼吸を意識してみてください。

歌うことの精神的な効果

腹式呼吸には自律神経を調整する効果もあります。

自律神経には交感神経と副交感神経という2つの神経があります。交感神経は体を活発に動かすときに働き、副交感神経は体を休めるときに働きます。ストレスがかかると交感神経が優位になります。交感神経が優位の状態が続くと頭痛、抑うつ、肩こり、冷え性などの症状があらわれます。したがって、できるだけリラックスした状態を作り出し、副交感神経を優位にする必要があります。

副交感神経を優位にする簡単な方法が腹式呼吸です。腹式呼吸は、自律神経に対して意識的にアプローチできる数少ない方法の一つです。呼吸と自律神経の関係をみると、息を吸うときには交感神経が、息を吐くときには副交感神経が優位になります。

歌っているときは、息を吸うのは一瞬で、時間をかけて息を吐き出しながら声を出します。息を吸う時間が短く、吐き出す時間が長いということは、副交感神経が優位な時間が長いということです。つまり、**歌うことは自律神経のバランスを整えることにつながります。**

また、歌ったあとはストレス度を示すホルモン（コルチゾール）の濃度が低下したという報告もあります。しかも歌の好き嫌いに関係なく、歌えばストレスは軽減します。これ以外にも、歌うことには、認知症の予防、アンチエイジング、脳の活性化などさまざまな効果があります。

私はカラオケがあまり得意ではないのですが、歌ったあとは気分がスッキリします。体を動かすのが面倒だという人でも、カラオケなら気軽にできるのではないでしょうか。

「生きがい」は小さな目標でも良い

皆さんには生きがいはありますか？　生きがい、すごく難しいテーマですよね。

「生きがい」を辞書で調べてみると「人生の意味や価値など、人の生を鼓舞し、その人の生を根拠づけるものを広く指す」（世界大百科事典）とあります。

私は、生きがいが「人の生を根拠づけるもの」とするならば、生きがいを持つことは、健康寿命を延ばす木の「幹」だと思うのです。これまで紹介してきた日常生活に組み込める具体的行動は「葉」です。幹がしっかりしていればしているほど、葉はいきいきとします。逆に幹に生命力がなければ、葉は枯れてしまいます。健康寿命を延ばす具体的な行動は、生きがいの有無によって効果が増減するのです。

「歩くことは健康にすごい効果があるんだな。毎日ウォーキングをしよう！」

なぜですか？

「健康寿命を延ばしたいからです」

なぜですか？

「ひ孫の結婚式を見たいからです」

これです。

この人には「ひ孫の結婚式を見たい」という目標があります。

この目標を達成したいという生きがい（＝幹）があることで、毎日のウォーキング（＝葉）がいきいきしています。逆に、何も生きがいが見つからないまま毎日ウォーキングをしていると、ふと、こう考えるかもしれません。

「何のためにこんなウォーキングをしているんだ……」

「健康でいたところで一体何になるんだ……」

「疲れるし……、やめよう」

葉が枯れていきます。

健康寿命を延ばすにあたり、最も高い壁となるのが「継続」です。しかし、やるべきことを日常生活に組み込み、かつ生きがいを持つことで継続することができるのです。

男性の場合、定年までは仕事を生きがいにしていた人が多いと思います。おそらく仕事を通して社会に貢献していたことが、生きがいにつながっていたのでしょう。実際、１００歳を越えた高齢男性の中には、定年後も働いていたという人が多くいらっしゃいます。生きがいを持っている人は、持っていない人にくらべて脳卒中や心筋梗塞などのリスクが17％減少して、死亡率も低いという報告があります。多くの著書を執筆している長尾和宏氏も、著書の中で「何か目標を持つことが生きる力となる」と述べています。

自分だけのためではなく、自分以外の何かの役に立っている、何かを見ていたいなど、他を巻き込んだ思いが生きがいにつながるのです。その対象は人に限る必要はありません。ペットや植物などでも良いのです。

一見、「生きがいを持つ」なんて難しいテーマに見えますが、ハードルを上げる必要はありません。内閣府が60歳以上を対象に「どんなときに生きがいを感じるか？」というアンケートを取ったところ、1位は「子どもや孫など家族との団らんのとき」という結果でした。

「家族との団らんを寿命が来るまで楽しみたい」

「またみんなが集まったときに私もその場所にいたい」

このような想いが健康寿命を延ばすことにつながるのです。

旅先で出会った元気な高齢者は、何かしらの生きがいを持っているように感じました。

「娘と旅行に行きたい」

「孫を抱っこしたい」

「俺がやらなきゃ、誰がこの畑を守るんだ」

内閣府のアンケートからわかるように、生きがいとは意外と身近なところにあるのかもしれません。

是非、「自分以外の誰か、または何か」を巻き込んだ生きがいを探してみてください。

生きがいを持つことで、健康に対する意識が変わります。意識が変われば行動が変わります。行動が変われば健康寿命は延ばせます。

生きがいを持つことで、歩くことが楽しくなります。料理が楽しくなります。知らないうちに歌を口ずさんでいます。そうすれば、あなたは日常の中で、知らず知らずのうちに楽しく健康寿命を延ばすことができるでしょう。

そして、周りの方はその生きがいを達成できるようにサポートしてあげてください。

第4章

健康寿命を縮める主な要因

✦ 安静時の注意点

日ごろから体調に気をつけていても、風邪をひいてしまうことはあります。同様に、不慮の転倒で怪我や骨折をすることもあります。

怪我や骨折をした直後は安静にすることが最も重要です。ただし、ずっと寝てばかりでは要介護の状態へまっしぐらです。

関節を1週間動かさないと関節の拘縮（関節が動く範囲の制限）が起きる可能性が高くなります。1週間、臥床状態（寝ていること）が続くと、筋力が10〜15%低下するというデータもあります。また、長期の臥床は筋肉の萎縮、運動能力の低下、うつ状態などを引き起こします。このように過度の安静によって、肉体的、精神的な機能が低下することを「廃用症候群」といいます。

廃用症候群によって低下した筋力を、もう一度回復させるには、臥床期間の2倍、もしくはそれ以上の期間を要します。高齢者の場合、筋力が低下すると、日常活動も低下し、認知症になる可能性が高くなります。

理学療法では、怪我や病気の治療後の「早期離床」、「早期リハビリ」をとても重視します。

実際に「脳梗塞で入院したら、翌日からリハビリが始まった」と驚かれる人もいます。廃用症候群にならないように、体中に点滴がつけられている入院患者に対して、ベッドから起き上がる練習や歩行練習を行うのです。

高齢者の場合、怪我や病気で安静にすることは大切ですが、一方で廃用症候群にならないように十分注意してください。**療養中でも動かせる部分はなるべく動かすようにして、寝ている時間を極力短くしましょう。**

リハビリのための老健入所で寝たきりに

「まだ筋力が戻っていないので、もう少し筋力をつけてから自宅へ帰りましょう」

病院での治療は終わったものの、筋力が低下していて日常生活には不安があるので、リハビリのために老健（介護老人保健施設）への入所を勧められることがあります。老健は病院を退院した高齢者が一時的に入所して、自宅復帰に向けてリハビリを行う介護施設です。しかし、**老健に入所することで認知症や廃用症候群になってしまう可能性もあるのです。**

概ね、老健でのリハビリ時間は1日に数十分程度です。レクリエーションの時間もありますが、多くの時間はベッドで寝ているか、椅子に座って過ごすことになります。つまり、1日の大半を何もやることがなく、ぼんやり過ごすことになるのです。下手に動いたりすると「転んじゃうよ！　危ないでしょ！」と制止されます。慣れない環境で行動を制限され、運動といえば数十分のリハビリ。これでは認知症や廃用症候群になるリスクが大きいことは誰でもわかります。

退院後にリハビリ目的で老健へ入所したものの、入所中に認知症になってしまった人もいます。認知症になると介護拒否、リハビリ拒否が増え、身体機能が低下し、寝たきりに近づいていきます。

一方、病院から老健への入所を勧められたものの、それを断って自宅へ帰る人もいます。

健司さん（70代）は骨折で入院することになりました。入院生活がしばらく続いた頃、家族が「何度も同じ質問をする」という認知症の初期症状に気づき、このままでは認知症になってしまうと考え、半ば強引に家に連れ帰ったそうです。帰ってきた当初は介護の負担が大きかったようですが、訪問介護、訪問リハビリ、通所介護を利用しながら乗り切ったそうです。現在、本人は自立した日常生活を送り、趣味の旅行を楽しんでいるそうです。

退院後、自宅に戻るのはリハビリの観点からもメリットがあります。自宅では常に介護してくれる人がいるとは限らないので、自力でやらなければいけないことが出てきます。食事、入浴、トイレなどの日常生活動作を自力でやることで、十分なリハビリ効果が期待できます。ただし、退院後に自宅に戻ることは介護する家族の負担増につながります。家族の負担を少しでも減らすために、入院中に介護保険の申請、介護サービスの選定、段差解消や手すりの設置など環境の整備を行い、受け入れ態勢を整えておきましょう。介護サービスの手続きが間に合わず、受け入れ態勢が整わない場合は、一時的な避難措置として老健を利用してください。受け入れ態勢が整っていない状態で自宅で介護を始めると、転倒などのアクシデント、急な介護負担増による介護疲れにつながってしまいます。

老健か自宅での介護か、どちらを選ぶかは本人の状態や家族構成などによって変わってきます。どちらにもメリットとデメリットがあることを頭に入れておきましょう。

増加する高齢者の閉じこもり

「閉じこもり」（閉じこもり症候群）とは、生活がほぼ家の中だけとなり、体を動かす機会が少なく、心身の活動性が低下することです。

閉じこもりの定義は諸説ありますが、**一般的には週に1度も外出しない状態が閉じこもりであるといわれています。**

地域によって差はありますが、高齢者の約10～20％が閉じこもり状態にあるといわれています。閉じこもりになる要因としては主に次の要因が挙げられます。

【身体的要因】

◆歩行能力の低下
◆手段的日常生活動作（家事、買い物、電話対応など）の障害
◆認知機能の低下
◆散歩・体操や運動をほとんどしない
◆日常生活自立度の低下
◆下肢の痛み

【心理的要因】

◆日常生活動作に対する自己効力感（動作ができる自信）の低さ

◆主観的健康感の低さ
◆うつ傾向
◆生きがいがない

【社会・環境要因】
◆高齢であること
◆集団活動などへの不参加
◆家庭内の役割が少ない
◆社会的役割の低さ
◆親しい友人がいない

筋力の低下や関節の可動域が狭くなることによって歩くのが苦痛になり閉じこもりになるケース、聴力や視力が衰えて人と話すのが苦手になり閉じこもりになるケースをよく見かけます。

閉じこもりは認知症や廃用症候群になる可能性が高く、最悪の場合は寝たきりになってしまいます。閉じこもりの高齢者は早急に介護予防を行う必要があります。地域包括支援センター（詳しくは第6章にて）には閉じこもり予防・支援に関するサービスがあります。閉じこもり状態に気がついたら、早めに地域包括支援センターに相談しましょう。

要介護に至る3大要因

要介護に至る3大要因として、ロコモティブシンドローム（ロコモ）、メタボリックシンドローム（メタボ）、認知症の3つが挙げられます。

ロコモティブシンドローム

骨、関節、筋肉、神経など体を動かす要素を運動器といいます。詳しくは章末の「参考 加齢に伴う身体の変化」をご参照ください。

ロコモティブシンドローム（ロコモ）とは運動器の機能が衰えることです。ロコモになると歩行や立ち座りなどの日常動作に支障をきたします。さらにロコモが進行すると要介護状態や寝たきりになります。

ロコモの原因として、加齢による運動器の機能の衰え、運動器の疾患が挙げられます。加齢による運動器の機能の衰えは、日ごろからの適度な運動と適切な食事で予防することができます。運動器の疾患には関節リウマチ、変形性関節症、骨粗鬆症、変形性脊椎症、脊柱管狭窄症などがあります。これらの疾患は病院で治療することで痛みを緩和したり、進行を遅らせたりすることができます。

なお、ロコモと同じように筋肉量が減少して、身体機能が低下することを「サルコペニア」といいます。サルコペニアが筋肉量の減少を示しているのに対して、ロコモは骨や関節、筋肉などの運動器の機能の低下も示します。また、ロコモ、サルコペニアの類似語に「フレイル」があります。フレイルは体重減少、倦怠感、活動度の低下などの項目も含んでおり、ロコモやサルコペニアよりも広い概念です。

ロコモ度チェック

ロコモを予防するためには、現在の自分の身体機能を知っておくことが必要です。簡単にできるロコモ度テストでロコモ度をチェックしてみましょう。

④どちらか一方の足で40センチの台からの立ち上がりができなかったら、30センチの台から両足での立ち上がりをテストします。立ち上がれたら、そのまま３秒間立位姿勢を保持します。

⑤両足で30センチの台からの立ち上がることができたら、20センチの台、10センチの台と台の高さを低くしていき、両足で立ち上がりをテストします。立ち上がれたら、そのまま３秒間立位姿勢を保持します。

立ち上がりテストの判定

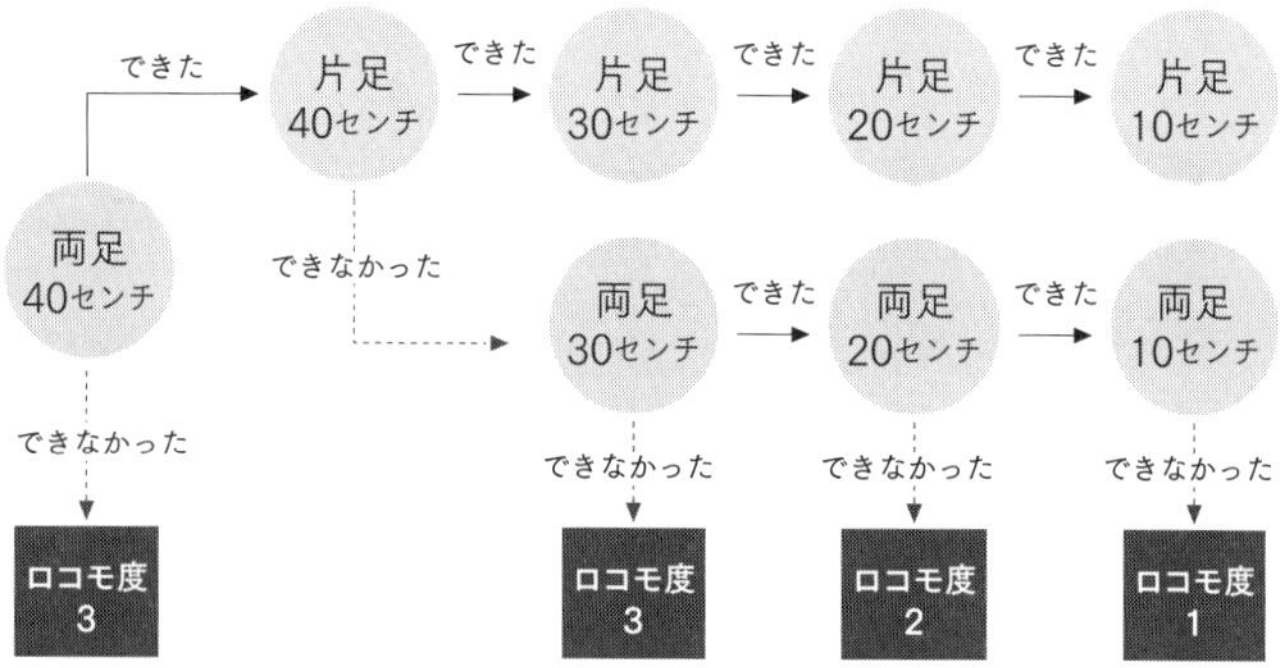

立ち上がりテストの判定

●ロコモ度１
どちらか一方の足で40センチの台から立ち上がれないが、両足で20センチの台から立ち上がれる。
●ロコモ度２
両足で20センチの台から立ち上がれないが、30センチの台から立ち上がれる。
●ロコモ度３
両足で30センチの台から立ち上がれない。

※左右ともに片足で40センチの台から立ち上がれると下肢の筋力は問題ありません。

◆立ち上がりテスト

　立ち上がりテストでは下肢の筋力を測ります。立ち上がりが困難な場合は移動能力が低下していることが多く、ロコモの可能性があります。

①高さ10センチ・20センチ・30センチ・40センチの台を用意します（台ではなく階段などの段差を利用しても構いません）。

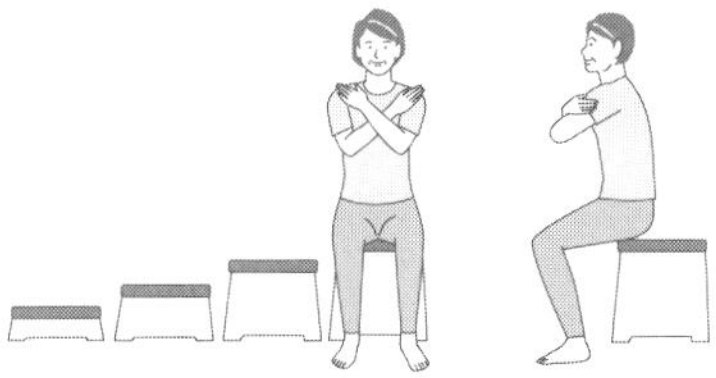

②まず40センチの台に両腕を組んで座ります。このとき、両足は肩幅くらいに広げます。反動をつけずに両足で立ち上がり、そのまま３秒間立位姿勢を保持します。

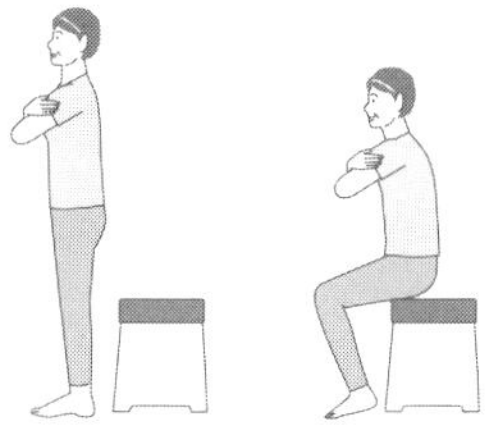

③両足で40センチの台から立ち上がれたら、次は片足で立ち上がってみましょう。反動をつけずに片足で立ち上がり、そのまま片足を浮かした立位姿勢を３秒間保ちます。左右の足をテストします。

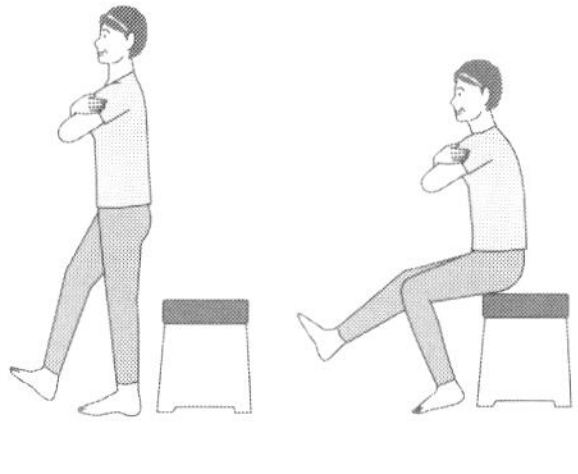

◆２ステップテスト

２ステップテストでは歩幅を測定します。歩幅を調べることで、下半身の筋力、バランス能力、柔軟性などを含めた歩行能力をチェックします。

①スタートラインを決め、両足のつま先を合わせます。

②できる限り大股で２歩進み、両足を揃えます。

③２歩分の歩幅（スタートラインから着地点のつま先まで）を測ります。

④２回行い、距離が長い方の記録を採用して、２ステップ値を算出します。
計算式：２歩幅（センチ）÷身長（センチ）＝２ステップ値

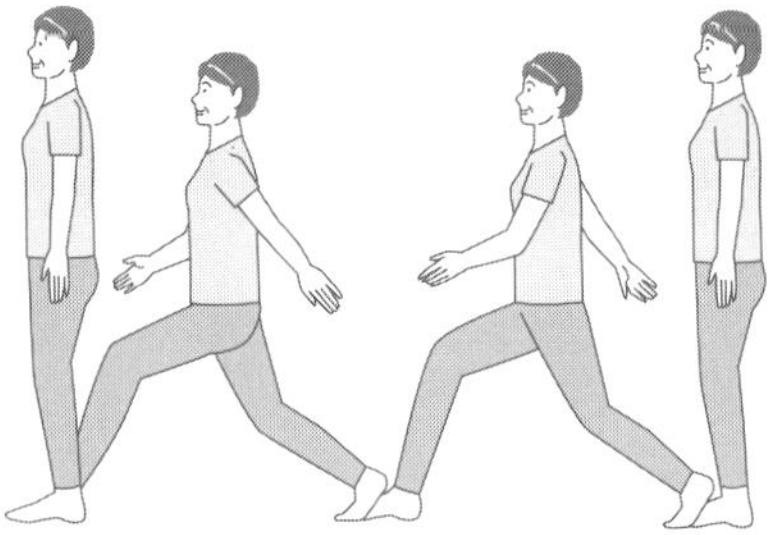

２ステップテストの判定

●ロコモ度１
２ステップ値が1.1以上1.3未満
●ロコモ度２
２ステップ値が0.9以上1.1未満
●ロコモ度３
２ステップ値が0.9未満

総合判定

「立ち上がりテスト」と「2ステップテスト」を行い、ロコモ度が高い方を総合判定とします。

（例）
●「立ち上がりテスト」はクリアできたが、「2ステップテスト」でロコモ度2だった場合はロコモ度2となります。
●「立ち上がりテスト」がロコモ度1、「2ステップテスト」がロコモ度2だった場合はロコモ度2となります。

ロコモ度1：移動機能の低下が始まっている状態。筋力やバランス能力が低下してきているため、定期的な運動が必要です。

ロコモ度2：移動機能の低下が進んでいる状態。自立した生活ができなくなるリスクが高まっています。

ロコモ度3：移動機能の低下が進行し、社会参加に支障をきたしている状態です。

ロコモ度1～3のいずれかに該当する人は、すでにロコモが始まっています。仮にテストがクリアできたとしても、ぎりぎりでクリアできた人や疲労感が強く残った人は要注意です。今後も定期的にテストを行って、ロコモ度をチェックしましょう。

メタボリックシンドローム

メタボリックシンドローム（メタボ）とは、内臓の周囲に脂肪が蓄積され、さらに高血糖、高血圧、脂質異常などが併発した状態です。メタボは糖尿病、脂質異常症、高血圧症につながりやすく、動脈硬化を引き起こしやすくなります。動脈硬化になると、心筋梗塞や脳血管疾患のリスクが高くなります。脳血管疾患は治療で一命をとりとめても、麻痺などの後遺症、療養時の筋力低下などをもたらし、要介護になる可能性が高くなります。

厚生労働省の令和元年「国民健康・栄養調査」によると、20歳以上の肥満者の割合は、男性で33・0％、女性で22・3％となっており、成人男性のほぼ３人に１人はメタボ、またはメタボ予備軍と考えられます。

メタボの診断基準

メタボリックシンドローム診断基準検討委員会による診断基準では、ウエスト周囲径が基準値（男性で85㎝、女性で90㎝）をオーバーし、さらに次の項目のうち、２つ以上が当てはまるとメタボです。

◆**血清脂質**：中性脂肪（トリグリセライド値）が150㎎／dL以上かつ／またはHDLコレステロール値が40㎎／dL未満。あるいは高トリグリセライド血症、低HDLコレステロール血症に対する薬物治療を受けている場合。

◆**血圧**：収縮期（最大）血圧が130㎜Hg以上かつ／または拡張期（最小）血圧が85㎜Hg以上。あるいは高血圧に対する薬物治療を受けている場合。

◆**血糖**：空腹時血糖値が110㎎／dL以上。あるいは糖尿病に対する薬物治療を受けている場合。

メタボとロコモとの関係

メタボになると、ロコモになる可能性も高くなります。

メタボの人は肥満体型で体重が重いので、ひざや腰などの関節に負荷がかかり、痛めやすくなっています。関節に痛みがあると、体を動かすのが億劫になります。体を動かさないと、筋力低下、骨密度の低下など運動器の障害が生じ、ロコモになってしまいます。ロコモになると、歩行や立ち座りなどの日常生活に支障をきたします。するとさらに筋力が低下し、より体を動かすのが億劫になり、メタボが進行します。

このように、メタボとロコモは負の連鎖になる可能性が高く、最終的には要介護に至る可能性が高くなります。

認知症

厚生労働省の「国民生活基礎調査」（2022年）によると、介護が必要になった主な原因の第1位は認知症でした（第2位は脳血管疾患、第3位は骨折・転倒）。

認知症は主に、アルツハイマー型認知症、血管性認知症、レビー小体型認知症、前頭側頭型認知症の4つに分類することができます。

認知症で最も多いのは、アルツハイマー型認知症で全体の約60～70％を占めます。次いで、血管性認知症が約20％、レビー小体型認知症が約4％です。これらは3大認知症と呼ばれています。

認知症の治療で大切なことは、早期発見と早期治療です。

現在、認知症を完全に治す薬や治療方法はありません。認知症の症状をできるだけ軽くして、進行を遅らせることが治療の目標となります。そのため、認知症の初期にみられる症状を把握しておく必要があります。**初期症状が確認されたら、できるだけ早く認知症外来やもの忘れ外来など、認知症治療を専門とする医療機関を受診しましょう。**

認知症の初期症状

次の項目で2つ以上該当する人は、認知症や前段階である「軽度認知障害」（ＭＣＩ）の可能性があります。

◆同じことを何度もいう。
◆忘れ物や探し物が多くなる。
◆約束の日時や場所を間違える。
◆落ち着きがなくなる。
◆怒りっぽくなる。
◆頑固になる。

◆単純な仕事や計算に時間がかかる。
◆料理中の失敗（焦がすなど）が増える。
◆洋服に気を遣わず同じ服ばかり着る。
◆だらしない格好や季節外れの格好が増える。

認知症の症状

認知症の症状は、「中核症状」（認知機能障害）と「周辺症状」（行動・心理症状）に分けられます。

◆**中核症状（認知機能障害）**
脳の認知機能障害によって生じる症状。記憶障害、見当識障害、理解・判断力の低下、実行機能の低下などがあり、身の回りの状況を正しく認識できなくなります。

◆**周辺症状（行動・心理症状）**
中核症状以外の症状。うつ状態や妄想のような精神症状や、日常生活への適応を困難にする行動上の問題が生じます。本人の性格や生活環境、精神状態などによってあらわれる症状が異なります。周りの人の助けで症状が落ち着くことがあります。

認知症とロコモとの関係

メタボとロコモの関係同様、認知症とロコモも負の連鎖を引き起こします。

認知症になると転倒のリスクが高くなります。認知症の高齢者は、そうでない人にくらべて8倍転倒しやすいという研究結果もあります。転倒によって骨折や大きなケガを負うと、長期の安静を強いられます。長期の安静は筋力低下など運動器の障害をもたらし、その結果、ロコモになってしまいます。

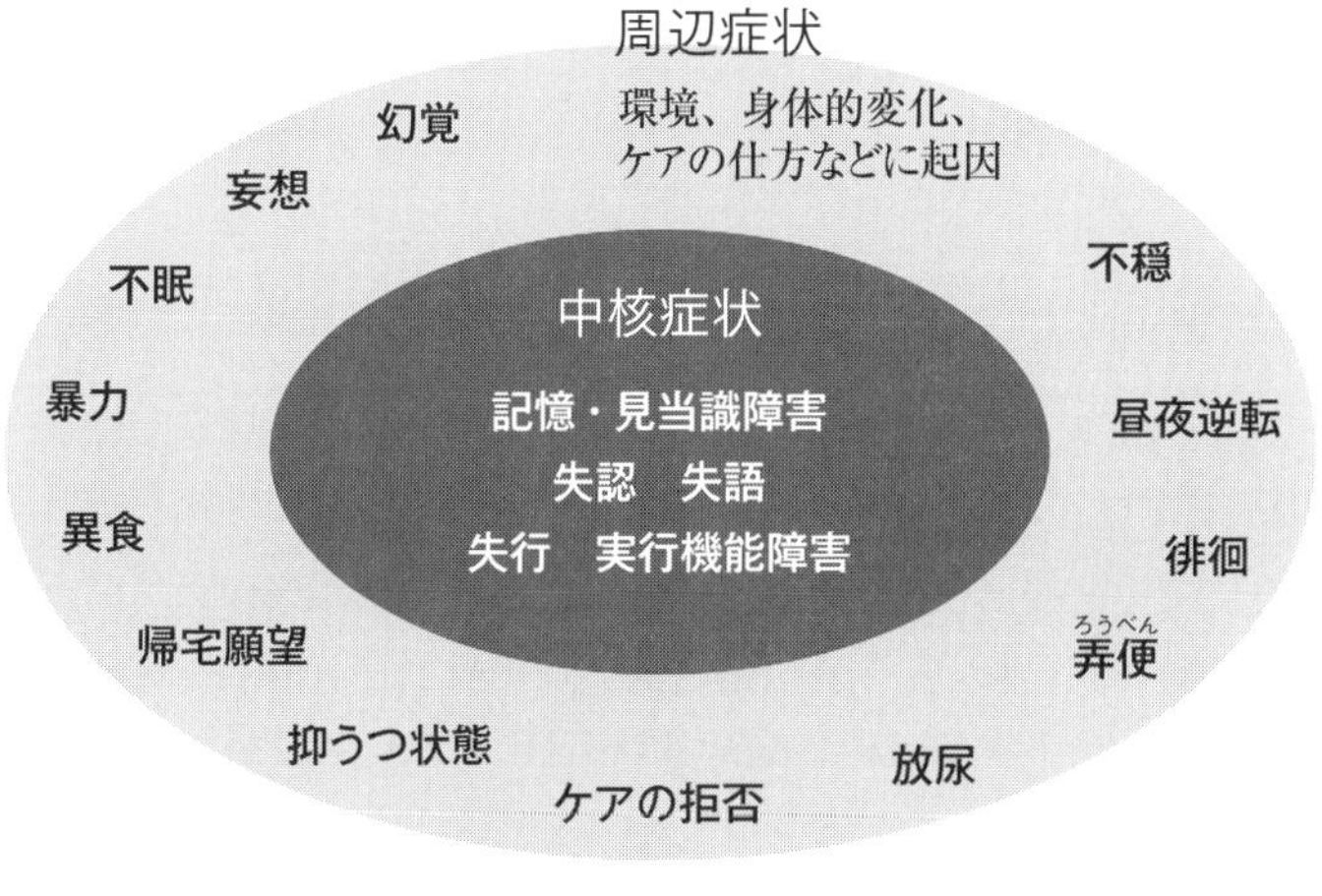

（参考）『認知症介護ラプソディ』（小社刊）

運動は認知機能の改善に効果があるといわれていますが、ロコモになると運動の機会が少なくなります。そのため、ロコモになるとさらに認知症を進行させてしまう恐れがあるのです。

ロコモ、メタボ、認知症はお互いに関連し合い、負の連鎖に陥る可能性が高く、健康寿命の短縮、寝たきりや要介護状態に至る3大要因と呼ばれています。

参考

加齢に伴う身体の変化

高齢になると、年齢を重ねるごとに身体のさまざまな機能が衰えてきます。ここでは加齢によって人間の身体機能がどのように変化するのかを説明します。

【運動器（骨、関節、筋肉など）の衰え】

◆骨がもろくなる

人間の骨は成長期に活発に作られて、20代で骨密度はピークを迎えます。骨密度は40歳まではあまり変わりませんが、その後は加齢とともに低下してきます。40歳以上の骨粗鬆症の有病率は、腰椎の場合は男性が3・4%、女性は19・2%、大腿骨頸部の場合は男性は12・4%、女性が26・5%です。データでは女性のほうが骨がもろくなりやすいということになります。

◆筋肉量が減少する

足の筋肉量は20代から減少するといわれています。20代の頃とくらべて80代では、約30%筋肉量が減少しています。足の筋肉量が減少すると、歩行に支障をきたし、転倒のリスクが高くなります。

◆関節の可動域が狭くなる

加齢とともに、筋やじん帯などの軟部組織が固くなり、60歳くらいから関節の可動域が狭くなってきます。関節の可動域が狭くなると日常生活に支障をきたします。たとえば、肩の可動域が狭くなると、腕が上がりにくくなりシャツの着替えなどがスムーズにできなくなります。股関節の可動域が狭くなると、靴下を履いたり、足の爪を切ったりするときに支障をきたします。

【感覚器（目、耳、鼻など）の衰え】

◆聴力が低下する。高音域が聞き取りにくくなる

聴力が低下すると、人との会話を避けるようになります。そのため、外出の頻度が減って閉じこもりになる可能性が高くなります。

◆視力が低下する。視野が狭くなる

段差に気づかずに転倒してしまう可能性が高くなります。

◆痛みや温度に対する感覚が低下する

こたつや湯たんぽなどで低温やけどを起こす可能性が高くなります。

【内臓の機能の衰え】

◆消化機能、呼吸機能が低下する

食べたり飲んだりするときにむせることが多くなり、誤嚥性肺炎のリスクが高くなります。

◆血管が硬くなる

脳梗塞や心筋梗塞のリスクが高くなります。

◆唾液の分泌、消化液の分泌が低下する

ドライマウスとなり、歯周病になる可能性が高くなります。また、食事中に飲み込みにくさを感じるようになります。

◆排尿機能が衰える

男性は前立腺肥大、女性は骨盤底筋が衰え、頻尿、残尿、失禁などの排泄障害が起きる可能性が高くなります。

◆代謝、ホルモン分泌が低下する

代謝やホルモン分泌の低下は、筋肉量の減少、免疫機能の低下など、身体のあらゆる機能の低下に関係しています。

このように、高齢になると身体の各機能は衰えていきます。老化に身を委ねていたら要介護になるのは必至です。

ここで説明した中で、最も注意したいのは運動器の衰えです。つまりロコモです。ロコモになると「立つ」、「歩く」といった、人間が活動するうえで基本となる日常動作に支障をきたします。そして、閉じこもりや寝たきりになる可能性が高くなります。まずはロコモにならないことが、介護予防の第一歩となります。

第5章

これからは「介護予防」の時代

ケアの場所が病院から在宅へ変わる

介護する側も、介護される側も、できるだけ介護は避けたいと思っています。しかし残念ながら、介護はこれからより身近になってきます。

2025年は「団塊の世代」が全員75歳以上の後期高齢者になる年です。高齢者人口（65歳以上）は3653万人となり、高齢化率（65歳以上の高齢者人口が総人口に占める割合）が約30％になると推計されています。全人口の約3人に1人が高齢者という時代です。高齢者人口はその後も徐々に増加して、2043年に高齢者数3953万人のピークを迎えます。2050年には1人の現役世代

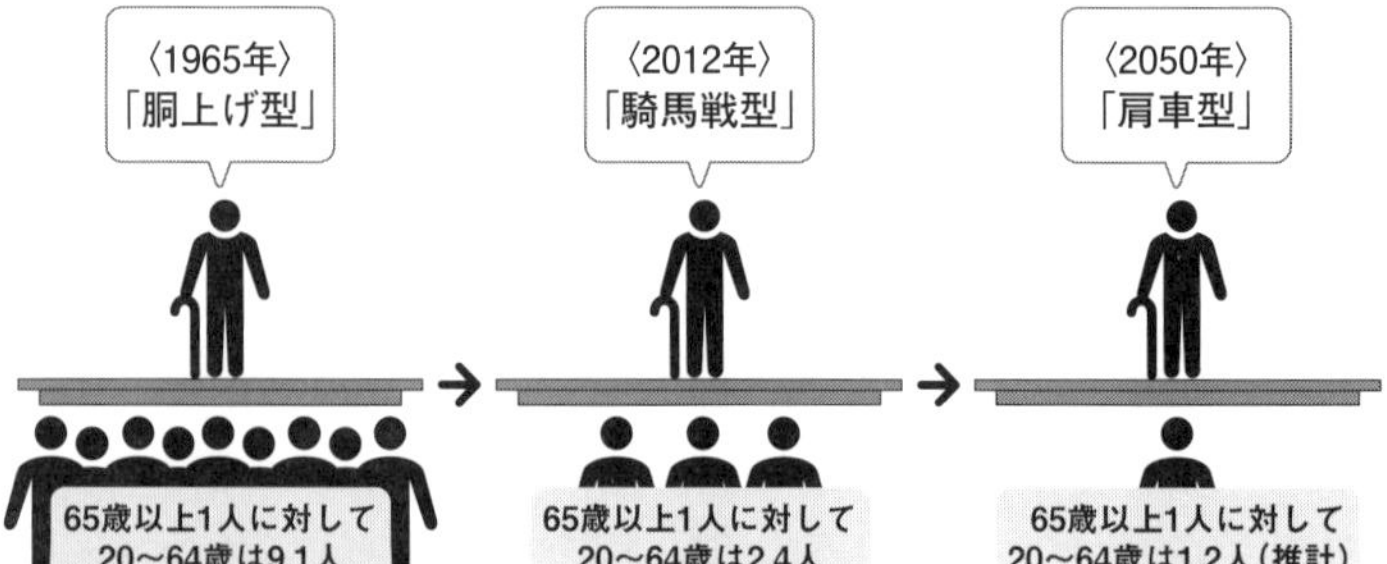
20～64歳は9.1人
20～64歳は2.4人
20～64歳は1.2人（推計）

（出所）「国勢調査」総務省、「日本の将来推計人口（平成24年1月推計）」（出生中位・死亡中位）社会保障・人口問題研究所、「人口動態統計」厚生労働省

が1人の高齢者を支えなければならない時代になると予測されています。

現在、医療費を抑制するために、病院は急性期（病気の初期で症状が急速にあらわれる時期）の治療に重点を置くようになりました。これまでは病院が療養やリハビリを担っていたのですが、今後は自宅や介護施設で療養やリハビリを行うことになります。つまり、在宅での介護やリハビリを行う機会が増えるということです。

地域包括ケアシステムとは

高齢者が入院すると、身体機能が大幅に低下する可能性があります。そのため、退院後も移動や入浴など日常生活に支障をきたすことがあります。退院後、介護老人保健施設（老健）などでリハビリを行ってから、自宅に戻るケースもありますが、本人が施設への入所を拒否したり、施設の空きがなかったりなどの理由から、病院から自宅に直接戻るケースも少なくありません。しかし、日常生活に支障がある高齢者を自宅で介護するには非常に大きな労力を要します。ましてや、高齢者が高齢者を介護する「老々介護」では、自宅での介護はかなり困難といえます。

そこで市区町村が中心となり、地域で高齢者の医療や介護、生活支援を行う仕組みが考案されました。これを「地域包括ケアシステム」といいます。地域包括ケアシステムの目的は、高齢者ができる限り住み慣れた地域で生活できるよう体制を整えることです。この地域包括ケアシステムを支える拠点を「地域包括支援センター」といいます。地域包括支援センターは介護や介護予防に関する情報やサービスを取り扱っており、「高齢者のための相談窓口」として利用されています。地域包括支援センターについては第6章をご参照ください。

介護離職ゼロは実現可能か？

介護というものは年を追うごとにじわじわと迫ってくるイメージがありますが、いきなり介護生活に突入することもあります。

親が高齢の場合、些細な転倒で骨折し、そのまま要介護状態になることも少なくありません。また、心疾患（狭心症、心筋梗塞など）や脳血管疾患（脳出血、脳梗塞など）は突然発症します。仮に一命を取り留めたとしても、長期入院による筋力の低下や麻痺などの後遺症で要介護状態になる可能性があります。

「いざ親の介護が発生したときに何をするべきか」というイメージができているかどうかは非常に重要です。

具体的にイメージしてみましょう。

あなたは両親と離れて暮らしています。両親は実家で二人暮らしです。ある日、父親が脳梗塞で倒れてしまいました。重い後遺症が残り、医師からは介護が必要と宣告されます。年老いた母親だけでは父親の介護はできないので、自分が何とかしなければいけません。

では、質問です。

「介護のために仕事を辞めますか？」

おそらく「仕事は辞めたくないけど、仕事と介護の両立は難しい」という意見が多いのではないでしょうか。また「仕事を辞めて介護に専念したくても、経済的に難しい」という意見もあるでしょう。人によって意見は異なるでしょうが、次のことだけは頭に入れておいてください。

「親の介護のために仕事を辞めなければならない」という考えは持たないことです。

現在、国は「介護離職ゼロ」を目指して、介護サービスの拡充、労働環境の改善を進めています。私も収入の減少や介護が終わったあとの再就職のことを考えると、介護離職は避けるべきだと考えます。

しかし現実には、1年間に約10万人を越える人が介護離職をしています。

日本には「親の面倒は子どもがみる」という昔からの慣習があります。この慣習は良い面もありますが、現在の少子高齢化社会、核家族化の進んだ現代社会には適さない面もあります。

私が担当している三郎さん（70代）の娘さん（40代）は、4年前に介護のために会社を辞めました。三郎さんが脳梗塞になり、日常的に介護が必要となったためです。当時、会社に勤めていた娘さんは三郎さんと離れて暮らしていました。介護が始まった当初は、毎日仕事を終えてから約1時間電車に乗って実家に行き、三郎さんの介護をしていました。夜はそのまま実家に泊まり、翌日の始発で自宅に戻り、支度を整えて出勤するという生活だったそうです。当然、このような生活は心身に大きな負担がかかります。結果、娘さんは会社を辞めてしまいます。会社を辞めたときは「これで父親の介護に専念できる」と気持ちが楽になったそうです。しかし、徐々に経済的な苦しさが押し寄せてきました。また、仕事を辞めたことで、生活のすべてが介護になりました。近所付き合いも希薄になり、誰とも話すこともなく、父親の介護に明け暮れる日々。仕事を辞めてから1年半後、娘さんは介護漬けの毎日に耐えられなくなりました。この状態が続いたら、娘さんは介護うつになってもおかしくなかったでしょう。幸い、娘さんの元同僚に介護経験がある人がいて、地域包括支援センターのことを教えてくれたそうです。早速、地域包括支援センターに連絡すると、ケアマネジャーを紹介され、介護サービスの利用に至ったそうです。

「介護保険でこういうことができるなんて知らなかった、もっと早くから知っていれば……」と娘さんは語ってくれました。介護サービスを利用する前は「このまま介護だけの生活を続けると自分が壊れてしまう」と感じていたそうです。現在、三郎さんはデイサービスを週3回利用しています。週3回のデイサービスのときに、娘さんはパート勤務をしています。現在はパート仲間とのランチ、帰り道での買い物が良い気分転換になっているそうです。

離職をすると、息抜きをする時間も話し相手も失ってしまう可能性があります。介護漬けの毎日になってしまうと、介護する本人がつぶれてしまう恐れがあるのです。

介護される側も「介護されたくない」と思っている

厚生労働省の「国民生活基礎調査」（２０１６年）によると、要介護者と同居している家族の約３人に２人が介護ストレスを抱えているとのことです。家族の病気や介護以外にも収入や仕事、自分の時間の確保など、介護に関する悩みは多岐にわたります。そして、ストレスを抱えた状態が続くと、うつ状態になる可能性が高くなります。

一方で、介護で大きなストレスを抱えているのは介護する家族だけではありません。介護される側もまた大きなストレスを抱えています。

私が担当している浩二さん（70代）は1年前に肺炎を患いました。無事に完治して自宅に戻ったのですが、筋力が著しく低下しており介護が必要になりました。息子さんとお嫁さん（40代）の3人で暮らしており、お嫁さんがキーパーソン（主介護者）となって生活をしていました。

私が浩二さんの自宅に訪問し、リハビリを行っていたときのことです。突然、浩二さんが「お嫁さんにオムツを替えてもらうのが申し訳ない。こんな体になって悔しい」と涙を流されました。お嫁さんがちょうど外出中で不在のときでした。私は浩二さんの了承を得て、浩二さんの本音をお嫁さんに伝えました。案の定、お嫁さんは「そう感じさせてしまっていたんですね」と落胆されました。浩二さんに限らず、排泄の介護をされる人は大きな抵抗感を抱いています。私は早速、担当者会議（介護サービスを見直す会議）を設けました。その結果、お嫁さんは専業主婦で時間的な余裕はありましたが、あえてケアプラン（介護サービスの計画）に訪問介護を加えました。浩二さんが男性のヘルパーを希望されたので、その点も配慮しました。その後、浩二さんはベッドから起き上がって、立つことができるようになったので、ベッドサイドにポータブルトイレを設置して、そこで排泄できるようになりました。

介護される側は「申し訳ない」という気持ちを常に抱いています。「できれば介護を受けたくない。しかしその状況を自分ではどうすることもできない」というジレンマで、介護される側は苦しんでいるのです。

「できるだけ介護はされたくない」

介護される側もこのような気持ちを抱いているのです。

「介護」から「介護予防」の時代へ

読者の皆さんは「介護はつらいもの」というイメージを持たれていると思います。実際、介護はきれいごとで片づけることはできません。多くのものが犠牲になる可能性があります。前述の通り介護する側も介護される側もできれば介護はしたくない、されたくないと思っています。では、どうすれば良いのでしょうか？

答えは簡単です。

「要介護の状態にならないことです」

もちろん、現実的には終末期になると介護が必要となります。ただし、健康な状態をできるだけ長く維持して、要介護の期間を短くすることは可能です。要するに健康寿命を延ばすことが重要なのです。介護業界のトレンドも「いかに介護をするか」から、「いかに介護を予防するか」にシフトしています。これからは「介護」ではなく「介護予防」の時代です。

もちろん、いざ介護が必要になったときのために事前に準備をしておくことは大切ですが、それと同時に、介護を避けるために日常をいかに過ごすかということを意識することも重要です。

参考

過度の介助は健康寿命を縮める

健康寿命を延ばすには、基本的には何でも自力でやるということが前提となります。ただし、介助が必要な人に介助をする場合には、介助する側のかかわり方も重要です。

まずは自力でやってみる

自力で階段を上れる人が、常に介助されながら上っていたら、階段を上る能力は徐々に低下していきます。自力で着替える能力があるのに、袖を通すところからボタンを閉じるところまですべて介助されると、自力で着替えができなくなってしまいます。**このような過度な介助を「過介助」といい、健康寿命を縮める原因となります。**

介助によって健康寿命を縮めないためにも、介助する側は「自分でできることは自分でしてもらう」という意識を、介助される側は「自分の能力を最大限に生かして、自分でできることは自分で行う」という意識を持ってください。

じつは過介助のほうが楽

「過度な介助をやめれば健康寿命が延びる」と聞くと、「介助の負担が減って、健康寿命も延びるなら一石二鳥」と思われるかもしれません。

しかし、過度な介助をやめることで、逆に負担が増えることがあります。過度な介助のほうが場合によっては楽なのです。あべこべな話に聞こえると思いますので、具体的な例を挙げてみましょう。

麻痺があるものの、何とか自力で歩ける高齢者がトイレに行こうとしています。麻痺などの障害がある高齢者は、歩く速度がとても遅く、足取りもふらふらしているので、見ている側としては心配です。しかし、自立を促したいのなら、転倒しないぎりぎりのところまで見守り、介助は最低限にとどめておくことです。もちろん相手のゆっくりとしたペースに合わせるので、時間がかかります。

しかし実際には、危ないからとすぐに手を貸したり、介護時間の短縮のために車椅子に乗せたりすることが多いのではないでしょうか。場合によっては、オムツにすることもあるかもしれません。しかし、このような対応では自立への道は遠のいてしまいます。時間をかければ本人が自力でできることを、時間を短縮したいといった介助者の都合で手を貸してしまうことはよくあることです。

相手のペースに合わせて介助をするのは、介助者にとっては大きなストレスです。「もっと早くできないの」、「手伝ったほうが手っ取り早い」といった気持ちから、つい手を貸してしまいます。しかし、本人の自立のためにはそこは堪えてください。

ただし、すべての行動を相手に合わせていたら、介助者の負担が大きくなるばかりです。

「今日は時間があるので、気長に付き合ってあげよう」といった日を週に何日か設けるだけでも十分です。

介助の方法が間違っていることも

よかれと思ってやっていた介助の方法が、じつは間違っている場合もあります。

例えば、歩行介助のとき、相手の横にぴったりくっついて、倒れないように腕をがっちり掴んでいませんか？

確かに転倒は最も避けなければならないリスクなので、しっかりサポートするという意識は大切です。しかし、歩いているときに他人から腕をがっちり掴まれると非常に歩きにくくなります。歩くという動作は、片方の足に体重を乗せて、もう片方の足を振り出すという体重移動の繰り返しです。したがって、介助者がぴったりくっついて腕を掴んでいると、体重の移動ができません。本人だけでなく介助者も動きが制限され、歩きにくくなってしまいます。相手の歩行を妨げないように、軽く脇に手を入れておくだけでスムーズに歩けることもあります。

介助の方法に正解はありません。相手の身体能力や障害の程度によって介助の方法は変わります。**相手が窮屈そうにしていたり、つらそうな表情をしていたりしたら、介助の方法を見直してみましょう。**

介助のポイントを見極める

「一人で着替えができないので手伝ってください」

初めて介助する相手からこのようなお願いをされたとします。その際、すぐに手を貸すのは控えてください。私の場合、まずは本人に自力で着替えてもらいます。そして、本当にできないのか、できる能力はあるがやり方がわからないのか、ただ単に甘えているだけなのかを判断します。


「時間がかかっても、本人が自力で行う」


介助者はこれを念頭に置き、相手にも言葉で伝えてください。

実際に自力でやってもらい、途中で動作が止まったり、見ていて危ないと思ったりしたら、そこで介助に入ります。高齢で障害があれば、できない動作は少なからず出てきます。時間がかかっても良いので、できるだけ自力でやってもらい、できない部分だけを介助するようにしましょう。

多くの介助者は介助の技術を身につけることに重点を置いてしまいがちですが、まずは相手ができること、できないことを見極める目を養うことが重要です。

また、できること、できないことを常にチェックしていると、「この前はできていたことが今日はできなくなっている。筋力が落ちているのかもしれない」と動作能力の評価を行うこともできます。

第6章

介護サービスの上手な使い方

介護サービスを上手に利用する

家族の誰かが要介護状態になったとき、介護する家族は大きな不安を抱えることになります。一方で「がんばって介護しないといけない」と気が張っています。

そのため、介護が始まった頃は慣れないながらも、何とか平穏に過ごすことができます。ただしこの状態は、平穏に過ごせているように見えるといったほうが正しいかもしれません。介護生活が1カ月、2カ月と日を重ねるにつれて、介護のストレスが蓄積され、いわゆる「介護疲れ」が出てきます。

ここで、私が担当している加代さん（80代）の例を紹介します。

加代さんは退院直後から訪問リハビリを始めました。退院から約2カ月後、私がいつものように「最近調子はいかがですか？」と加代さんに聞くと「お陰様で良いですよ！」と笑顔で答えてくれます。しかし、キーパーソンである娘さん（50代）の表情が気になります。ここ1カ月ほど、娘さんの表情がさえなくて、声も元気がありません。介護する家族の様子がいつもと違うと感じたら、私は家族のほうにも声をかけます。その際、利用者本人が近くにいると本音をいいづらいので、一人になったときに声をかけます。今回、帰り際にこっそり娘さんに話しかけると「つらくなってきました。もう介護をする自信がありません。施設しかないんでしょうか」と苦しい心のうちを吐露してくれました。確かに、ここ最近は加代さんの娘さんに対するあたりが強く、いろいろと思い詰めてしまうことがあったのでしょう。サービス提供者の私たちにとって、家族の危険なシグナルを察するのも重要な仕事です。早速、私は担当のケアマネジャーと連絡を取り、担当者会議を設けました。その結果、加代さんのケアプランに月1回のショートステイが加わり、訪問介護の回数も増やしました。これによって娘さんの介護の負担が大きく減りました。娘さんは月に1回、自分の時間を使って、買い物や旅行でリフレッシュできるようになりました。また、加代さんもショートステイに行くことが良い気分転換になり、娘さんに対する言葉遣いもやわらかくなりました。

このように、介護が必要になったとしても、介護サービスを上手に利用すれば施設ではなく自宅で生活を続けることができるのです。

介護サービスの種類

介護保険が適応となる介護サービスには、主に「居宅サービス」「施設サービス」「地域密着型サービス」があります。

この中で、自宅での生活をサポートする介護サービスが「居宅サービス」です。

居宅サービスは、「要介護1～5」と「要支援1・2」（介護予防）の人が利用できます。

利用率が高い居宅サービスは、「訪問介護」（介護予防訪問看護）「通所介護」（介護予防通所介護）「福祉用具貸与」（介護予防福祉用具貸与）となっており、ここでは主にこれらのサービスについて説明します。

介護サービスの種類

居宅サービス	訪問介護、訪問看護、訪問入浴介護、訪問リハビリ、居宅療養管理指導、通所介護、通所リハビリ、短期入所生活介護、短期入所療養介護、特定施設入居者生活介護、福祉用具貸与、特定福祉用具販売
施設サービス	介護老人保健施設（老健）、介護老人福祉施設（特別養護老人ホーム）、介護医療院、介護療養型医療施設
地域密着型サービス	定期巡回・随時対応型訪問介護看護、夜間対応型訪問介護、地域密着型通所介護、認知症対応型通所介護、認知症対応型共同生活介護（グループホーム）、地域密着型介護老人福祉施設入居者生活介護、地域密着型特定施設入居者生活介護、小規模多機能型居宅介護、看護小規模多機能型居宅介護など

介護サービスを利用する3つのメリット

在宅で利用できる介護サービスは多くあるものの、実際に利用するとなると躊躇してしまう人も少なくありません。介護する側も介護される側も、できれば他人の手を借りたくないと考える傾向にあります。

もちろん、健康寿命を延ばすためには、自分でできることは自分で行ったほうが良いのはいうまでもありません。しかし、日常生活に支障をきたすような病気や障害を持つ人が、苦痛を感じながら日常生活を送ることは、逆に健康寿命を縮めてしまいます。そこで、「できない部分は介護サービスに頼り、無理のな

居宅サービスの種類

自宅で利用するサービス	訪問介護、訪問看護、訪問入浴介護、訪問リハビリ、居宅療養管理指導
自宅から施設に行って利用するサービス	通所介護、通所リハビリ
施設に宿泊するサービス	短期入所生活介護、短期入所療養介護
その他のサービス	特定施設入居者生活介護、福祉用具貸与、特定福祉用具販売

い範囲で体を動かして生活していく」という考え方が重要となってきます。

介護サービスを利用することで得られるメリットを3つ紹介します。

①専門職のケアを受けることができる

デイケア、訪問リハビリには、理学療法士や作業療法士などリハビリの専門職が在籍しています。リハビリの専門職は、筋肉や関節など身体の構造を理解しています。一人でリハビリをするよりも精度の高いリハビリが受けられます。専門的な視点で筋力や関節の可動域を評価してくれるのも大きなメリットです。また、他人に触られることによるリラクゼーション効果も期待できます。

②介護する家族が自由な時間を持つことができる

介護サービスの利用は介護される側だけでなく、介護する側にもメリットがあります。それは、介護サービスを利用することで、介護する家族が時間的な余裕を持つことができるということです。デイサービスを利用すれば、日中は自由な時間ができますし、ショートステイを利用すれば、1日から数日は自由な時間を持つことができます。この自由な時間を使って心身ともにリフレッシュすることが介護を続けていくうえで大変重要です。介護サービスを上手に利用して、介護疲れを軽減しましょう。

③継続することができる

運動やリハビリが三日坊主で終わるような人でも、介護サービスを利用することで、継続することができるようになります。

たとえば、足腰が弱って家に閉じこもりぎみの人が通所介護を利用すれば、週に数回は必ず外出することになります。定期的に外出することは、身体機能の維持・向上、社会とのかかわりを維持することにつながります。

まずは地域包括支援センターへ

では、実際に介護サービスについて相談したいと思ったら、どうすれば良いでしょうか。

まずは「地域包括支援センター」に相談します。

地域包括支援センターは介護サービスに関する行政の窓口です。概ね、中学校区域に1つの割合で設置されています。地域包括支援センターの場所がわからない場合は、役所に直接問い合わせるか、インターネットで「住んでいる市区町村名　地域包括支援センター」で検索してみましょう（例：渋谷区　地域包括支援センター）。

地域包括支援センターには、保健師、社会福祉士、主任ケアマネジャーが在籍しており、医療や福祉の専門的視点から相談内容に対応します。介護に関する相談は役所でもできますが、関係部署をたらい回しにされることもあるので、地域包括支援センターに相談したほうが良いでしょう。介護について知りたいことがあったら、本やインターネットで調べるよりも、地域包括支援センターに行ったほうが手っ取り早いです。

また、近所に民生委員がいる場合は、そちらに相談するのも良いでしょう。

✦ケアマネジャーの選び方

介護サービスを利用するうえで重要なのがケアマネジャーです。

ケアマネジャーは介護支援専門員と呼ばれ、主に「居宅介護支援事業所」と呼ばれるところに所属しています。ケアマネジャーの主な役割は、介護認定を受けた要介護者やその家族からの相談に応じたり、適切な介護サービスが受けられるようにケアプランを作成し、関係機関との連絡や調整を行ったりすることです。介護サービスを上手に利用できるかどうかは、ケアマネジャーの腕次第といっても過言ではありません。

ケアマネジャーは地域包括支援センターで紹介してくれますが、知り合いにケアマネジャーがいる場合は、その人に頼んでも構いません。

ここで、あくまでも私見ですが、良いケアマネジャーの要素をいくつか挙げます。

①相談事や悩み事を親身になって聞いてくれて、丁寧に対応してくれる。

②介護保険制度について熟知している（介護保険でどのようなサービスが利用できるかを理解しているなど）。

③介護保険制度以外の制度についても熟知している（介護保険の適用外のサービスを知っている。医療保険で利用できるサービスを知っているなど）。

④地域の介護施設・介護サービス事業所の特徴を把握している（施設や事業所によって得意、不得意があることを知っている）。

私は仕事でケアマネジャーと接することが多いのですが、ケアマネジャーの仕事の8割は、利用者の悩みを把握することだと考えています。利用者の悩みをきちんと把握できなければ、最適なサービスを選択できません。したがって、ケアマネジャーを選ぶうえで最も重要なポイントは「悩みごとを親身になって聞いてくれるか」という点になります。

介護サービスの利用を始めるにあたり、最初はわからないことがたくさんあります。ケアマネジャーとの最初の面談の際には、「初めてのことで本当に何もわからないんです」と正直に伝えましょう。わからないことは、どんどん質問しましょう。

質問に対して、ケアマネジャーが「具体的にはどういうことで困っていますか？」「○○というサービスがありますが、どうですか？」と丁寧に対応してくれるならば、そのケアマネジャーとは良い関係を築けるかもしれません。しかし、「みんな、このサービスを使っているので、これでいきましょう」と、利用者の意見を軽視して、大雑把な対応をするようなら、そのケアマネジャーは避けたほうが良いかもしれません。

なお、ケアマネジャーは変更することができます。担当のケアマネジャーに不満があれば、地域包括支援センターに相談してみましょう。

訪問介護を上手に利用するコツ

訪問介護は自宅にヘルパーが訪問して身の回りのお世話をしてくれるサービスです。ホームヘルプとも呼ばれ、介護サービスの中でも利用率が高いサービスです。特に独り暮らしの高齢者にとっては、身体介助や生活援助を受けられるだけでなく、会話の機会が得られたり、健康状態の確認ができたりするので、メリットの多いサービスといえます。しかし、健康寿命を延ばすという点では、訪問介護の使い方によっては逆に健康寿命を縮めてしまう可能性もあります。

優秀なヘルパーは利用者の自立を促す

ヘルパーの中には「お金をもらっている以上、時間内は精一杯働かないと申し訳ない」という人がいます。訪問介護のサービス料金は時間単位なので、1時間でお皿を10枚洗っても20枚洗っても金額は同じです。親切なヘルパーは「いいのいいの、まだ時間あるから、これもやってあげるわ」「あと10分あるから、それもやっておきますね」といったように最大限のサービスを提供してくれます。時間をギリギリまで使って、可能な限りのサービスをやってあげると、利用者の満足度も高くなります。

しかし、ヘルパーに何でも任せてしまうのは、健康寿命のことを考えるとあまり望ましいことではありません。健康寿命を延ばすために大切なことは、自分でできることはできるだけ自分で行うことです。

良い介護とは、できる部分とできない部分を見極めて、本当にできない部分だけを援助することです。優秀なヘルパーは利用者の自立を促すために、あえて手を出さないこともあります。決して手を抜いているわけではないのです。

実際、訪問介護には「自立生活支援・重度化防止のための見守り的援助」という項目があり、利用者ができることは共に行う、見守りや声かけを行い、できるだけ一人でできるように促すことを推進しています。

介護保険の支給限度額（利用できる上限）に余裕がある、経済的に余裕があるといった理由から、訪問介護を必要以上に利用する人がいます。また、利用者としては、「お金を払っているんだから、できるだけたくさんのことをやってほしい」という思いがあるかもしれません。しかし、**自分でできることもヘルパーにやってもらったら、自分でできることがどんどん少なくなっていくという認識は持っておきましょう。**

訪問介護と訪問リハビリを組み合わせる

介護サービスの利用を開始する際には、必ず「アセスメント」といって利用者の心身の状態をチェックし、サービス内容を判断する作業を行います。ただし、このアセスメントが間違っている場合もあります。

訪問介護の利用を開始した春男さん（70代）は一人暮らしで、最初のアセスメントでは「歩けない」という判断だったので、買い物はスタッフが一人で行っていました。

その後、訪問リハビリを追加したところ、春男さんは介助があれば歩けることがわかり、スタッフと一緒に買い物へ行くようになりました。外に買い物に行くことが歩行のリハビリにもなったようで、身体機能は改善していきました。

訪問リハビリには理学療法士などの専門職がいます。**訪問介護と訪問リハビリを併用することにより、利用者の状態を正確に把握することができ、的確な介護方法やアドバイスを受けることができます。**

介護サービスの変更は可能

訪問系の介護サービスは、一般的に同じ曜日、同じ時間にスタッフが訪問しますが、多くの事業所は急な時間変更やキャンセルに対応してくれます。

通所サービスは基本的に日曜日が休みのところが多く、訪問サービスは土曜日・日曜日・祝日が休みのところが多い印象です。ただし、日曜日も対応している事業所もあるのでケアマネジャーに確認してみましょう。

急な用事（急病や親戚の葬儀など）で介護ができない場合は、ショートステイを利用するのが一般的です。ケアマネジャーに連絡して、空いている施設を探してもらいましょう。ただし、地域や時期によっては空きがない場合もあり、いくつかの施設にキャンセル待ちで予約を取ることになります。初めて利用する施設の場合は、ケアマネジャーがケアプランを作成し、利用者と施設が契約、そして利用開始の流れになります。

訪問介護で、できること、できないこと

介護保険が適用される訪問介護ではサービスに制限があります。できること、できないこ

とがあるのですが、その線引きは一般の人にはわかりづらいものになっています。
ここで質問です。
次のサービスの中で訪問介護では行えないサービスはどれでしょうか？

①本人の部屋を掃除する。
②本人の食事を作る。
③庭の草むしりをする。
④本人の衣類を洗濯する。
⑤旦那さんの食事を作る。

正解は③と⑤番です。

介護保険が適用される訪問介護では、利用者本人が生活するうえで必要な最低限の援助しか行うことができません。たとえば、利用

一般的に介護保険の生活援助の範疇に含まれない行為

「直接本人の援助」に該当しない行為

- 利用者以外のものに係る洗濯、調理、買い物、布団干し
- 主として利用者が使用する居室など以外の掃除
- 来客の応接（お茶、食事の手配など）
- 自家用車の洗車、掃除など

「日常生活の援助」に該当しない行為

- 草むしり
- 花木の水やり
- 犬の散歩などペットの世話
- 家具・電気器具などの移動、修繕、模様替え
- 大掃除、窓のガラス磨き、床のワックスがけ
- 室内外家屋の修理、ペンキ塗り
- 植木の剪定などの園芸
- 正月、節句などのために特別な手間をかけて行う調理など

者本人に料理を提供する、利用者本人の部屋の掃除をする、利用者本人の服を洗濯するなどです。利用者以外の人への援助はできません。したがって、利用者の旦那さんに食事を提供することはできないのです。

「一人分の食事を作るのも、二人分作るのも手間は変わらない」
「洗濯物の中に、旦那さんのTシャツが1枚くらい混ざっていても構わないでしょ」

このように考えてしまいがちですが、制度上は利用者本人以外の人に介護サービスを提供してはいけないのです。

また、庭の草むしりは、日常生活に必ずしも必要ではないので保険適用外となります。

介護保険適用外のサービスは自費となります。多くの訪問介護の事業所では、保険適用外サービスも提供しています。たとえば、窓ガラス拭きやペットのお世話などです。詳しくは、ケアマネジャーや地域包括支援センターに相談してください。

訪問リハビリを上手に利用するコツ

訪問リハビリとは、理学療法士や作業療法士、言語聴覚士など、リハビリの専門スタッフが自宅に訪問してリハビリや療養上のアドバイスなどを行います。

訪問リハビリのメリットとは

介護保険のサービスには「外出ができる人は通所サービスを優先する」というルールがあります。したがって、訪問リハビリは外出が困難な人向けのサービスです。しかし、外出ができる人でも、自宅でよく転んでしまったり、自立した日常生活が困難だったりする人については訪問リハビリの適応になります。

通所サービスでは送迎時も施設内でも、常にスタッフが近くにいて安全面に配慮してくれます。また、介護施設はほぼ完全にバリアフリー化されているので、通路やフロアに段差はなく、トイレには手すりなどの介助設備が完備されています。

しかし、自宅での生活は安全面が十分に担保されているとは限りません。階段や段差があったり、浴室やトイレが狭くて不便だったりします。入浴やトイレ、階段の上り下りなどを一人でやらなければいけないこともあるでしょう。実際、施設のトイレは一人で使えるけど、自宅のトイレは介助がないと使えないというケースがあります。

訪問リハビリのメリットは、実際に住んでいる自宅でリハビリが受けられることです。自

宅における転倒予防や住環境整備のアドバイスを受けられるのも大きなメリットです。

また、介護保険における訪問リハビリの時間は「20分」「40分」「60分」と区切られており、その時間内はマンツーマンでリハビリを受けることができます。より個別性の高いリハビリを直接受けられるのもメリットといえるでしょう。

ただし、訪問リハビリは利用回数に制限があります。リハビリのときだけ頑張って、普段は寝たきりでは効果がありません。担当者に一人でできるリハビリメニューを教えてもらい、毎日自主的にリハビリを行いましょう。

訪問リハビリから通所サービスへ移行

「いつまで訪問リハビリを続ければ良いのでしょうか?」という質問を、利用者はもちろん、スタッフからもよく受けます。

前述したように、訪問リハビリは体に不自由があり、外出が困難な人に対する訪問サービスです。そのため訪問リハビリで身体機能がある程度回復して、外出ができるようになったらデイサービス(デイケア)への移行を検討します。とはいってもまだ日常生活に不安が残る場合は、訪問リハビリとデイサービスを併用しつつ、訪問リハビリの回数を徐々に減らしていき、デイサービスの利用が軌道に乗ったら訪問リハビリは終了するという流れが良いかもしれません（地域によっては併用を禁止しているところもあるので、ケアマネージャーに相談してください）。

福祉用具を選ぶときはリハビリスタッフの意見も聞く

訪問リハビリや通所サービスなどで、リハビリスタッフと福祉用具事業所のスタッフが同席して、利用者に適した福祉用具を検討することがあります。福祉用具を選ぶ際、サイズや使い勝手を確認するのは当然ですが、リハビリスタッフの視点から利用者の体力や筋力の状態、苦手な動作などのアドバイスがあると、より利用者に適した用具を選べます。

寝たきりの人が車椅子を利用することで座れるようになったり、室内しか歩けなかった人が歩行器を利用することで外を歩けるようになったりする事例はたくさんあります。

スタッフによってはリハビリに差があることも

基本的に通所や訪問で身体機能面のリハビリをしてくれる職種は理学療法士か作業療法士

です。もちろん、この両者には違いがあって、理学療法士は歩く、座る、起き上がるなど基本的な動作を行うためのリハビリを行います。作業療法士はトイレ動作や着替え動作といった日常生活に必要な動作（ＡＤＬ）を行うためのリハビリを行います。理学療法士も作業療法士も基本的な全身のリハビリの知識を持っていますが、理学療法士は主に下半身をみることが多く、下半身のリハビリに偏ってしまうスタッフがいます。逆に作業療法士は上半身をみることが多く、上半身のリハビリに偏ってしまうこともあります。したがって「足のリハビリは理学療法士、手のリハビリは作業療法士」と認識している人もいるようです。まれに、手のリハビリもやってほしいのに、担当者が理学療法士のために足しかやってくれない、といったこともあるようです。

なお、発声や嚥下障害などのリハビリを専門とする言語聴覚士は数が少なく、地域によっては受け皿がない可能性があります。

また、リハビリは経験年数によって技術に差が生じる場合もあります。経験が浅い若いスタッフが担当になると不安になる人もいるようです。しかし、若いスタッフは元気がある、最新の知識を学んでいるといったメリットもあります。実際、若いスタッフを希望される利用者も少なくありません。利用者とスタッフとの相性もありますので、スタッフを変えたい場合は事業所に相談してみてください。事業所に直接伝えるのは気が引けるという人は、ケアマネジャーに相談してみましょう。

身体の状態に応じたリハビリが可能

通所、訪問ともにリハビリは医師の指示がなければ行うことができません。ただし、リハビリの内容を明確に指示されることは少なく、リハビリの内容についてはある程度スタッフに任せられています。したがって「足のリハビリしかできない」ということはなく、肩に問題がありそうな場合には肩のリハビリも可能です。リハビリ前に体調をリハビリスタッフに伝えましょう（場合によっては医師への確認が必要です）。

気がのらないときは体調が悪い可能性も

リハビリスタッフに自主トレのメニューを出されて毎日がんばっている人も多いと思います。基本的に、私は低～中負荷の自主トレを毎日行うことをお勧めしていますが、気分がのらないときは休むようにアドバイスしています。なぜなら「あれ？ 今日は気分がのらないなぁ」というときは、何か不調のサインかもしれないからです。たとえば、血圧が低かったり、暑くて軽い脱水状態になっていたりする可能性があります。そのような状態でリハビリを行っても、効果がないどころか逆に体調が悪化することもあります。**休むこともリハビリの一環です。**

体調がすぐれない日が続くときはリハビリスタッフに相談してください。リハビリの負荷やメニューを調整し、状態によっては病院やクリニックなどへの受診を勧める場合もあります。

訪問看護を上手に利用するコツ

訪問看護（介護予防訪問看護）とは、看護師が定期的に自宅に訪問して、健康チェック、医療ケア、服薬指導などを行います。主治医と連携しており、体調の変化に応じて、適切なケアが受けられます。

訪問看護で定期的な健康チェックを

訪問看護を定期的に利用することで、心身のチェックを行うことができます。「病院に通院しているので大丈夫だろう」と思っていても、看護師の視点から日常生活を見てもらうと問題が発見されることもあります。実際、病院では数分の診察で、実質的には薬をもらいにいっているだけという人が多いのではないのでしょうか。本人がご自身の異変に気づいておらず、診察の際に「体調は問題ありません」といってしまうと、医師に異変を気づいてもらえない可能性もあります。しかし、**訪問看護を利用し、看護師に日常生活を見てもらえば、異常を早期に発見することができるかもしれません。**

また現在、訪問看護ステーションからリハビリを提供する場合、看護師によるモニタリングを定期的に行うよう厚生労働省から指示が出されています。看護師が利用者の心身の状態を的確に把握してくれて、その情報をリハビリスタッフも共有することにより、適切なリハビリメニューや負荷を決めることができます。

ちなみに、介護保険における訪問看護の時間は、基本的に「20分未満」「30分未満」「30分以上1時間未満」「1時間以上1時間30分未満」の4つに区切られています。

薬の管理は訪問看護で

訪問看護の意外と知られていないメリットとして薬の管理が挙げられます。

認知症があっても自宅で生活をしている人はいますが、認知症の人は薬の管理ができないことがあります。薬の種類が多いと、朝に飲む薬、夜に飲む薬がゴチャゴチャになってしまい適切な服用ができません。そこで、**訪問看護を利用することで、看護師が服薬カレンダーを導入したり、一包化（同じ時間帯に服用する複数の薬を一包にまとめること）を提案してくれたりなど、適切な服用ができるよう指導や管理をしてくれます。**

糖尿病の人は、インスリンの自己注射が必要となります。訪問看護では注射を打ってもらうだけではなく、自分で打てるように打ち方の指導をしてくれます。褥瘡（床ずれ）や手術後の傷の処置などケアが長期的に必要な場合も、訪問看護を利用すると看護師が定期的に訪問をして適切な処置をしてくれます。

その他の訪問サービス

◆訪問入浴介護（介護予防訪問入浴介護）

訪問入浴介護（介護予防訪問入浴介護）は、寝たきりなどで自宅のお風呂での入浴が困難な人に対する入浴サービスです。

簡易浴槽を家の中に持ち込み、訪問入浴車という特殊な車両でお湯を沸かしてお風呂を提

主な訪問サービス

	訪問介護	訪問リハビリ（介護予防訪問リハビリ）	訪問看護（介護予防訪問看護）	訪問入浴介護（介護予防訪問入浴介護）	居宅療養管理指導（介護予防居宅療養管理指導）
対象者	要介護1～5	要介護1～5 要支援1～2	要介護1～5 要支援1～2	要介護1～5 要支援1～2	要介護1～5 要支援1～2
概要	ホームヘルプとも呼ばれ、もっとも利用されている介護サービス	理学療法士、作業療法士、言語聴覚士などの専門職がリハビリを行う	看護師などが疾患のある利用者の自宅を訪問し、医師の指示に基づいてケアを行う	利用者の自宅に浴槽を持ち込み入浴を行う	医師、歯科医師などが、通院が困難な利用者の自宅を訪問し、療養上の管理や指導を行う
サービス内容	食事、入浴、着替え、排泄などの身体介助	ベッドから起き上がる、座る、立つ、歩くといった基本的な動作のリハビリ（主に理学療法士が担当）	健康状態のチェック（血圧、脈拍、体温の測定など）	看護師による入浴前後の血圧、脈拍、体温などの健康状態の確認	療養生活の質を向上させるための管理・指導（医師、歯科医師が担当）
	調理、洗濯、掃除、日用品の買い物など、日常生活に必要な家事の介助	着替え動作、トイレ動作、食事動作など日常生活動作のリハビリ（主に作業療法士が担当）	医療ケア（床ずれの処置、痰の吸引、点滴やカテーテルなどの管理、在宅酸素療法の管理など）	洗体、洗髪（体調によっては足浴などの部分浴、清拭に変更）	薬の管理や服薬指導（薬剤師が担当）
	通院時の乗車・降車の介助など	発声や発語などの言語機能、飲み込みなどの嚥下機能のリハビリ（主に言語聴覚士が担当）	療養の指導や補助（食事、排泄、入浴、リハビリなど）	入浴後の着替え、水分摂取	献立作りや調理法などについての指導（管理栄養士が担当）
					口腔ケアについての指導（歯科衛生士が担当）
備考	要支援1～2、基本チェックリスト該当の人は介護予防・生活支援サービス事業の「訪問型サービス」を利用する				

供します。マンションの高層階に居住の場合は、訪問入浴車からお湯を引けないので、家の浴槽でお湯を沸かします。サービス提供の際には事業所で事前調査を行うので心配ありません。部屋が狭いと心配される人も多いですが、畳1~2畳のスペースがあれば可能です。

訪問入浴介護には看護師が同伴し、最初に健康状態を確認して入浴が可能か判断します。もし、体調がすぐれないと判断した場合は清拭や足浴などの部分浴に変更して対応します。

◆居宅療養管理指導（介護予防居宅療養管理指導）

居宅療養管理指導（介護予防居宅療養管理指導）は、通院が困難な人に対して、医師、歯科医師、薬剤師、管理栄養士、歯科衛生士といった専門職が自宅に訪問して、健康管理や療養上の指導やアドバイスを行います。あくまでも、療養生活の質を向上させるための指導やアドバイスであり、医療行為はありません（ただし、医師の指導のもと、薬剤師、管理栄養士、歯科衛生士は必要に応じて医療的ケアが可能）。

医師、歯科医師が自宅に訪問して医療行為を行うのは、「往診」や「訪問診療」といって医療保険の対象となります。

通所サービスを上手に利用するコツ

通所サービスは会話やレクリエーションを介して他人とのつながりを持つことができ、心身への良い刺激となります。リハビリの専門職がいる施設では、機器を使用したリハビリを受けることもできます。また、食事や入浴などのサービスを受けることができるので、介護する家族の負担軽減につながります。

通所サービスの種類と特徴

通所サービスとは日帰りの介護サービスです。在宅介護の人が日中（主に午前中から夕

通所サービス

	通所介護	通所リハビリ（介護予防通所リハビリ）
対象者	要介護1～5	要介護1～5、要支援1～2
概要	介護施設などに通い、食事、入浴などの日常生活上の支援を受ける	介護施設などに通い、理学療法、作業療法などリハビリを受ける
サービス内容	食事、排泄、入浴の介助	食事、排泄、入浴の介助
	レクリエーションによるストレス解消、運動	理学療法士、作業療法士、言語聴覚士によるリハビリ
	リハビリが可能な施設もある	
備考	要支援1～2、基本チェックリスト該当の人は介護予防・生活支援サービス事業の「通所型サービス」を利用する	

方）、介護施設に行って介護サービスを受けます。通所サービスには「通所介護」（デイサービス）と「通所リハビリ」（デイケア）があります。

◆**通所介護**

通所介護は「デイサービス」とも呼ばれ、介護老人福祉施設やデイサービスセンターなどに通って、食事や入浴、レクリエーションなどの介護サービスを受けます。

◆**通所リハビリ（介護予防通所リハビリ）**

通所リハビリ（介護予防通所リハビリ）は「デイケア」とも呼ばれ、介護老人保健施設などに通って身体機能や嚥下機能の改善を目的としたリハビリを受けます。

外出ができる人は通所サービスを

介護保険のルールでは、**外出ができる人は通所サービスを優先して利用するよう決められています。**

私もこの考えには賛成です。外出したほうが身体機能、認知機能へのメリットが大きいからです。家でやる事がなく1日中テレビを見ている人は、通所サービスでリハビリをすることで身体機能の維持・改善が期待できます。レクリエーションでやった料理が趣味となり、自宅で料理を楽んでいる人もいます。

外出が困難な人は、訪問リハビリを利用して外出ができるくらいまで身体機能を改善させてから、通所サービスに移行するという流れを目指しましょう。

通所サービスはまず見学してみる

介護サービスの利用を躊躇する人の中に、「利用してみて合わなかったときに断るのが申し訳ないので、だったら最初から利用しない」という人がいます。

通所サービスの利用を始める際には、最初は見学というかたちで気楽に施設を訪問し、おおまかなサービス内容と雰囲気を掴みましょう。施設によって食事の内容や入浴方法は異なります。実際に施設を見てみなければ、サービスの特徴や雰囲気はわかりません。**近所に複数の施設があるときは、できるだけ多くの施設を見学しましょう。**実際、私が知っている施設でもサービスを利用する前に見学する人は増えているそうです。

通所サービスを選ぶときのチェックポイント

施設を見学するときに、チェックしておくべきポイントを紹介します。

①利用者の人数

利用者の人数を確認します。利用者が多い施設はにぎやかで楽しい雰囲気を味わえる一方、ざわざわしていて落ち着かないと感じる人もいます。逆に、利用者が少ない施設は全体的に落ち着いており、家庭的な雰囲気のところが多いようです。

②利用者の特徴

車椅子の人が多いか、自力で歩いている人が多いか。運動をしている人が多いか、座って会話をしている人が多いか。利用者本人と同じようなタイプの人が多い施設を選んだほうが良いでしょう。

③スタッフの対応

スタッフが常に忙しそうにしていて、呼んでも待たされているような施設は避けたほうが良いでしょう。

④イベント

月にどれくらいのイベントがあるのか、またイベントの内容も確認しましょう。イベントが利用者本人の性格に合っているかどうかも重要です。

⑤食事の内容

「施設選びの決め手は食事」という人は多いようです。それほど食事の内容は重要です。豪華なコース料理を提供する施設や、ビュッフェ形式でさまざまな料理を提供する施設もあります。見学の際に事前予約をすれば試食できるところが多いので、ぜひ食事のチェックもしてみてください。また利用者の疾患や嚥下機能に配慮した食事（きざみ食など）の提供が可能かどうかも確認しておきましょう。

⑥利用時間の融通がきくか

通所サービスの利用者から「時間が長くて疲れる」、「することがない」という声を聞くことがあります。施設によっては、「半日デイサービス」と呼ばれる半日だけの利用が可能なところがあります。半日デイサービスのように、時間に融通がきく施設は人気が高いようです。ただし、半日デイサービスには昼食や入浴が含まれないなど、サービスの制限があるところも多いので事前の確認が必要です。

⑦リハビリの専門職がいるか

理学療法士や作業療法士などリハビリの専門職がいる施設では、個々の能力に応じた個別のリハビリを行っていることがあります。日常動作に難がある人は理学療法士か作業療法士がいる施設を、嚥下障害や言語障害がある人は言語聴覚士がいる施設を選んだほうが良いでしょう。ただし、訪問リハビリと同様に言語聴覚士がいる施設は多くないのが現状です。

通所介護でもリハビリは可能

通所サービスには「通所介護」と「通所リハビリ」があります。両者は料金に若干の差がありますが、大きな違いは目的です。通所介護は食事や入浴など日常生活上の介護やストレス解消を目的としています。一方の通所リハビリはリハビリによる身体機能の維持や改善を目的としています。

◆通所介護＝生活介護を受ける。会話やレクリエーションを楽しむ
◆通所リハビリ＝リハビリを受ける

大まかにいえば、このような感じでしょうか。

しかし、最近は両者の区別がなくなりつつあります。なぜならば、通所介護も理学療法士や作業療法士が常駐して専門的なリハビリを提供するようになったからです。トレーニングマシンやエアロバイクが設置されている通所介護も増えてきました。かつては、「リハビリを受けるなら通所リハビリ」という考えがありましたが、現在は通所介護でも専門的なリハビリを受けることができます。

また、全国の通所介護と通所リハビリの事業所の数を見てみると、通所介護は約2万4000カ所、通所リハビリは約8000カ所で、通所介護のほうが選択肢は豊富です。

したがって、リハビリを受けたい人は通所リハビリだけでなく、リハビリに力を入れている通所介護も選択肢に入れて良いでしょう。

認知症でもリハビリは可能

認知症の人でも、状態に応じて適切なリハビリを受けることができます。ここで認知症の人に対するリハビリの具体例を紹介します。

◆**体を動かすリハビリ**

筋トレや歩行といった体を動かすリハビリは、認知症の予防や進行を遅らせる効果があります。認知症の人に対しては、屋外での歩行練習や起立・着座練習（立ったり座ったりする）など簡単で実行しやすいリハビリを選択します。

◆**バリデーション**

バリデーションとは、認知症の人とのコミュニケーション術で、「傾聴」と「共感」を重視します。たとえば、認知症の人の徘徊には「何か意味がある」と考え、なぜ徘徊するのかを本人の人生に照らし合わせて考えます。

◆**ぬりえ、パズルなど**

図形の識別、色彩の判断、指先を動かすといった行動は脳に良い刺激を与え、認知機能の維持・向上につながります。

ショートステイを上手に利用するコツ

ショートステイとは介護保険を利用した短期入所サービスのことです。ショートステイには「短期入所生活介護」と「短期入所療養介護」があります。短期入所生活介護は日常生活上の介護が中心となります。短期入所療養介護では、医療ケアやリハビリなどの医療サービスも受けることができます。

ショートステイのメリットとデメリット

ショートステイを利用する目的の一つは介護する家族の負担の軽減です。自宅での介護

短期入所サービス

	短期入所生活介護（介護予防短期入所生活介護）	短期入所療養介護（介護予防短期入所療養介護）
対象者	要介護1〜5、要支援1〜2	要介護1〜5、要支援1〜2
概要	介護施設などに短期間入所し、日常生活上の支援を受ける	介護施設などに短期間入所し、日常生活上の支援に加え、医療ケアやリハビリなどを行う
サービス内容	食事、排泄、入浴など日常生活の介助	食事、排泄、入浴など日常生活の介助
	レクリエーションによるストレス解消、運動	床ずれの処置、痰の吸引、点滴・カテーテル・経管栄養や在宅酸素療法など療養ケア
		専門職によるリハビリ
備考	一般的に両者とも「ショートステイ」と呼ばれることが多い	

生活には息抜きが必要不可欠です。介護する家族が疲れ果ててしまうと続けることができません。ショートステイを利用することで、家族が介護から解放される時間を作ることができます。

また一方で、ショートステイは介護される側の息抜きにもなります。

第5章で触れたように、介護される側は介護する家族に対して申し訳ないという気持ちを抱えています。そこで、ショートステイを利用することで家族と離れ、いつもと違う環境で生活することで気分転換をすることができます。また、同じような境遇にある人たちと一緒に生活し、悩みを分かち合うことで気持ちが楽になります。

このように、ショートステイは介護する側と介護される側、両方にメリットがありますが、デメリットもあります。

高齢者は環境の変化に適応するのが難しいので、環境の変化がストレスになって、認知機能が低下してしまうことがあります。また、自宅では自分で身の回りのことができていたのに、ショートステイ先では車椅子で生活をさせられ、家に帰ってきたときには身体機能が低下していたというケースもあります。

ショートステイを利用する際には、施設見学やお試し宿泊が可能であれば、事前に試しておくと良いでしょう。また、**通所サービスとショートステイを併用したい場合は、通所サー**

ビスとショートステイの両方を提供している事業所を選ぶと良いでしょう。

普段から利用していて雰囲気に慣れていると宿泊時のストレスが少なくなります。また、通所サービスを利用していると、スタッフが利用者の性格や介護度を把握できているので、ショートステイのときにも介護の方法がスムーズに引き継がれます。

ショートステイで昼夜逆転を防ぐ

昼夜逆転になりやすい人が、定期的にショートステイを利用するメリットは大きいです。特に認知症の人は時間の感覚が乏しくなり、昼夜逆転に陥ってしまいがちです。**そこで、ショートステイを利用することで生活リズムを正常化させることができます。**

夜にきちんと睡眠をとれば、日中の活動性が高まり、リハビリやレクリエーションの効果も上がります。

✦ 福祉用具の購入と介護休暇について

福祉用具をレンタルするか、購入するか

介護保険を利用して福祉用具をレンタルすることができます（福祉用具貸与、介護予防福祉用具貸与）。月額数百円からレンタルできるため、介護サービスの中でも利用頻度が高いサービスです。直接肌に触れるものは、介護保険を利用して購入することもできます（特定福祉用具販売、特定介護予防福祉用具販売）。

昨今は福祉用具がインターネットで安く売られていることもあり、「レンタルのほうが良いか購入のほうが良いか」という質問をよく受けます。基本的に介護保険制度における福祉用具はレンタルが原則となっています。実際、私もレンタルをお勧めすることが多いです。なぜなら、高齢者は些細なことで健康状態が悪化することもあれば、リハビリによって良くなることもあり、その時の状況によって使用する福祉用具は変わってくるからです。また、レンタルの場合は定期的に用具をメンテナンスしてくれるため、常に安全な状態を保つことができます。

福祉用具貸代、介護予防福祉用具貸代（要支援1・2、要介護1～5）		
レンタルできるもの	利用者負担金の目安/月	備考
歩行杖	100～200円	歩行補助の杖、4点杖、松葉杖など
歩行器	200～800円	屋内用・屋外用など
スロープ	400～2,000円	大掛かりな工事は含まないもの
手すり	300～1,000円	大掛かりな工事は含まないもの
自動排泄処理装置（尿のみ）	1,000～1,500円	排泄物を自動的に吸引・洗浄する装置
以下、要支援1・2、要介護1はレンタル不可		
車椅子	300～2,500円	電動車椅子も可能
車椅子付属品	多岐にわたる	クッション、車椅子用テーブルなど
特殊寝台	700～1,300円	頭・足の高さなど調節可能ないわゆる介護用ベッド
特殊寝台付属品	多岐にわたる	ベッド用テーブル、手すり、マットレスなど
床ずれ予防用品	400～1,100円	エアマットなど
体位変換器	300～1,000円	体の向きを変えられる機器
認知症老人徘徊感知機器	500～1,500円	認知症の人の動きを察知して作動するセンサー
移動用リフト(吊り具除く)	1,000～4,000円	体を持ち上げて移動できるリフト
自動排泄処理装置（尿と便）	3,500～4,000円	排泄物を自動的に吸引・洗浄する装置（要介護4・5のみ）

特定福祉用具販売、特定介護予防福祉用具販売（要支援1・2、要介護1～5）		
購入できるもの	利用者負担金の目安	備考
腰掛け便座	平均5,500円	ポータブルトイレなど
自動排泄処理装置の交換部品	平均2,500円	尿・便が自動で吸引される機器
入浴補助用具	平均3,500円	椅子、浴槽内手すり、すのこなど
簡易浴槽	平均15,000円	工事が不要なもの
移動用リフト（吊り具部分）	平均4,500円	移動式リフトの吊り具部分
排泄予測支援機器	平均10,000円	排尿のタイミングを知らせる機器

※利用者負担1割の場合（所得に応じて1～3割負担となります）。

ただし、比較的安価で、かつ長期間にわたって使用するもの（杖や歩行器など）については、購入する人も多くいます。レンタルか購入かを迷ったらケアマネジャーか福祉用具専門員に聞いてみましょう。

住宅改修は計画的に

介護のための住宅改修には介護保険が利用できる場合があります。

住宅改修の支給限度基準額は一人20万円までとなっています（要介護状態区分が３段階上がった場合、転居した場合を除く）。限度額があるので、先のことを考えて、必要な場所に適切な改修を行うことが大切です。病院からの退院直後で、一時的に体力が落ちている

住宅改修の内容

手すりの取付け
段差の解消
滑りの防止及び移動の円滑化等のための床又は通路面の材料の変更
引き戸等への扉の取替え
洋式便器等への便器の取替え
その他、上記の住宅改修に付帯して必要となる住宅改修

場合は福祉用具をレンタルするのも一つの手段です。住宅改修の際にはケアマネジャーに相談し、場合によっては福祉用具専門員や理学療法士などのアドバイスを受けてください。

介護休暇と介護休業の違い

介護休暇と介護休業の大きな違いは取得できる日数とその期間です。また介護休業については、介護給付金を受け取れる場合もあります（条件あり）。

介護休暇は年間5日（または10日）、介護休業は通算93日（年数限らず）となっています。

また申請方法も異なっており、介護休暇は当日の申請でも可能です（口頭での申請でも可能な場合あり）。一方、介護休業は2週間

介護休暇と介護休業の違い

	介護休暇	介護休業
活用のポイント	家族の介護やお世話（通院の付き添い、各種手続きの代行など）を行う	要介護状態の家族の介護や中・長期にわたって仕事と介護が両立できる体制を整える
期間	1年間で5日。介護対象者が2人以上の場合は10日間。半日単位（0.5日）での取得も可	介護対象者1人につき通算93日。3回に分割できる
申請方法	企業によって異なる。口頭での申請が可能な場合もある	2週間前までに書面にて申請

前までに書面で申請しなければいけません。勤務先によって異なるので、どこにいつまでに申請すれば良いのか、また取得条件なども確認しておきましょう。

介護休暇は通院の付き添いや役所の手続きなどに使う単発の休み、介護休業は中長期にわたって介護が必要なときに使うまとまった休みというイメージです。

介護休業の使い方ついて、私の担当している利用者の事例を紹介します。

英二さん（70代）は東京で一人暮らし、息子さんは地方で働いていました。ある日、英二さんが転倒して骨折して入院してしまいました。その後、英二さんは無事に退院し、リハビリでどうにか一人暮らしができるようにはなったのですが、歩行が不安定で日常生活に支障がありました。そこで、息子さんは介護休業を取得して東京に出てきて、介護環境を整えることにしました。まず介護認定の申請を行い、訪問介護、通所介護を導入しました。英二さんが一人暮らしができる状態になるまで一緒に過ごした後、職場に復帰しました。

介護休業は93日までしか使えないので、つきっきりで介護をしても93日が限度です。それならばむしろ、介護環境を整えるために短期的に使うという考え方もあります。

施設サービス

本書は介護予防、在宅介護に重点を置いているので、施設サービスについては簡単に触れる程度にとどめます。施設サービスは大きく分けて公共型と民間型があります。

公共型は介護老人保健施設など約４種類があります。民間型は介護付き有料老人ホーム、サービス付き高齢者向け住宅など多くの種類があり、施設によって料金、介護サービスの内容が大きく異なります。ここではサービス内容が比較的統一されている公共型の施設サービスを紹介します。

公共型の施設サービス

	介護老人保健施設（老健）	介護老人福祉施設（特別養護老人ホーム）	介護療養型医療施設	介護医療院
対象者	要介護1～5	要介護3～5	要介護1～5	要介護1～5
特徴	一般的には「老健」と呼ばれる	一般的には「特養」と呼ばれる	病院とほぼ同等の医師・看護師が配置されており、医療の必要性が高い重度の要介護者が長期療養できる	病院とほぼ同等の医師・看護師が配置されており、医療の必要性が高い重度の要介護者が長期療養できる
	病院を退院した高齢者が自宅復帰に向けて療養やリハビリなどを行う施設。いわば、病院と自宅の中間的な存在で入所期間は3カ月程度の場合が多い	認知症の人や介護度が高い（要介護4～5）の人が優先的に入所できる。終身利用でき、看取りを行う施設もある	終末期医療や看取りも行う	終末期医療や看取りも行う
	医師が常駐しており医療ケアやリハビリが受けられる	本来、低所得者向けの施設なので、料金は比較的安い。ただし、最近増えている個室型はかならずしも安いとはいえない	多くの場合、病院に併設されている	多くの場合、病院に併設されている
		全国的に施設数が不足しており、待機者が多い		
備考			現在は、介護療養型医療施設から介護医療院への移行期	

参考

市町村が指定・監督を行う介護サービス

基本的に介護サービスは都道府県、政令市、中核市が指定・監督を行いますが、一部のサービスは市町村が指定・監督を行います。

◆地域密着型サービス

地域密着型サービスとは、文字通り地域の高齢者が住み慣れた土地で生活できるよう、地域特性に応じた介護サービスです。サービスを提供する事業者は市町村が管理し、利用者は施設や事業所が所在する地域住民に限られます。サービス提供者は小規模のところが多く、利用者のニーズにきめ細かく応えることができます。

ただし、地域密着型サービスは一般的な認知度は低く、すべてのサービスが提供されている地域は少ないようです。

また、提供されるサービスは地域によって差もあります。詳しいサービス内容についてはケアマネジャーや地域包括支援センター、役所の福祉課などに問い合わせてください。

地域密着型サービスの中でも、比較的利用率が高いのは「地域密着型通所介護」と「認知症対応型共同生活介護」です。

「地域密着型通所介護」は「小規模デイサービス」とも呼ばれ、日帰りの介護サービスです。小規模（定員19人未満）の介護施設に通い、食事や入浴などの日常生活上の支援やリハビリなどを受けます。自宅から介護施設までの送迎もあります。要介護1～5の人が利用できます。

「認知症対応型共同生活介護」は「グループホーム」とも呼ばれ、一つの住居で少人数の利用者（5～9人）と介護スタッフが共同生活を送ります。食事や入浴などの日常生活の支援やレクリエーションなどのサービスに加え、認知症専門

地域密着型サービス

対象	介護サービス（要介護1～5）	介護予防サービス（要支援1～2）
訪問系	定期巡回・随時対応型訪問介護看護	
	夜間対応型訪問介護	
通所系	地域密着型通所介護（小規模デイサービス）	
	認知症対応型通所介護	介護予防認知症対応型通所介護
施設・居住サービス	認知症対応型共同生活介護（グループホーム）	介護予防認知症対応型共同生活介護（グループホーム）※要支援1は不可
	地域密着型介護老人福祉施設入居者生活介護	
	地域密着型特定施設入居者生活介護	
訪問・通所・短期入所の組み合わせ	小規模多機能型居宅介護	介護予防小規模多機能型居宅介護
	看護小規模多機能型居宅介護	

のケアもあります。施設の雰囲気は家庭的なところが多く、日中は自由に過ごすことができます。ただし、看護師の配置義務がないため、医療的ケアの対応には限界があります。

◆介護予防・生活支援サービス事業

介護予防・生活支援サービス事業は要支援1～2、基本チェックリスト該当者が利用できます。サービス内容は主に「訪問型サービス」と「通所型サービス」と「その他の支援サービス」に分けられます。２０１５年から要支援1～2の人が利用してきた「介護予防訪問介護」と「介護予防通所介護」が介護予防・生活支援サービス事業に移行しました。

サービス内容は、介護保険適用（要介護1～5の人が利用可）の訪問介護と通所介護とほぼ同じものと、地域に応じたサービスである「訪問型サービスA、B、C、D」「通所型サービスA、B、C」があります。

介護予防・生活支援サービス事業

訪問型サービス（要支援1〜2、基本チェックリスト該当者）

①訪問介護	②訪問型サービスA（緩和した基準によるサービス）	③訪問型サービスB（住民主体による支援）	④訪問型サービスC（短期集中予防サービス）	⑤訪問型サービスD（移動支援）
訪問介護員による身体介護、生活援助	生活援助など	ボランティア主体の生活援助など	保健師などが体力の改善に関する相談や指導を行う	移送前後の生活支援

通所型サービス（要支援1〜2、基本チェックリスト該当者）

①通所介護	②通所型サービスA（緩和した基準によるサービス）	③通所型サービスB（住民主体による支援）	④通所型サービスC（短期集中予防サービス）
通所介護と同様のサービス。生活機能向上のためのリハビリ	ミニデイサービス。運動、レクリエーションなど	ボランティアによる体操、運動、サロンなどの活動	保健師などが体力の改善に関する相談や指導を行う

その他の生活支援サービス

栄養改善を目的とした配食、住民ボランティア等が行う見守り、訪問型サービス、通所型サービスに準じる自立支援の資する生活支援など

◆一般介護予防事業

一般介護予防事業は、65歳以上の高齢者ならば誰もが利用できます。内容は施設や公民館などでの交流会やサロン活動といった通いの場、体操教室などがあります。

あとがき

これからの介護

「ＡＩ（人工知能）の進化」

「人間の仕事がロボットに奪われる」

新聞やニュースを見ていると、詳しくはわからないけど何か時代が変わりそうな予感がしてきますよね。これは、介護の世界でも同じことがいえます。ロボットやＡＩ（人工知能）、ＩｏＴ（モノのインターネット）の発達により、これからの介護は確実に変わっていきます。

「介護」と聞いて、真っ先に頭に浮かぶのが「直接的な介護」です。現在の介護は人と人が直接体に触れて介護をします。直接体に触れてオムツを替える、直接体に触れてベッドから車椅子に移乗（乗り移り）をします。この直接的な介護にロボットを導入することで、介護の負担を軽減することができます。

たとえば、移乗の介助を見ていきましょう。一人の力で移乗の介助をするのはとても重労働です。ここにロボットを導入することで、一連の移乗のすべてをロボットが行ってくれます。

介護でもっとも労力を要するのが排泄です。現状のトイレ介助は、立たせる、車椅子の移乗、下衣の着脱、お尻を拭くといった一連の流れを一人か二人で行います。ところが近年、下衣の着脱から排泄までの一連の動作をサポートすることでトイレ介助の労力を大幅に軽減するロボットが開発されました。

また、尿意や便意を感じない人は失禁してしまうことが多いのですが、膀胱の尿のたまり具合をセンサーでモニタリングして、トイレに行くタイミングを知らせてくれる機器もあります。

このように、重労働である介護にロボットを導入することで、介護の省力化が進んでいます。将来的には、介護の現場では直接的な介護が必要なくなるかもしれません。それよりも、ロボットがきちんと作動して介護できているかどうかを確認するといった、「間接的な介護」が求められてくる可能性があります。直接体に触れなくても良いのです。離れた場所から遠隔で間接的に介護ができる時代が訪れるかもしれません。特にこれから核家族化や老老介護が進む日本において、このような間接的な介護の発達は大変重要になってくると考えられます。

この間接的にかかわる介護は、介護予防の段階から導入することができます。健康管理システムを導入することにより、体温や血圧の自動記録、1日の歩数や移動距離とその時間、ベッドに寝ている時間などを遠隔でも確認することができます。体が弱ってきているのではないか、何か病気になっているのではないかと、要介護状態になる前に遠隔で未然に防ぐことができるのです。

その情報は介護に直接かかわる人だけではなく、セキュリティ対策がなされたインターネット上で共有することにより主治医にも情報が伝えられます。緊急性があれば主治医の診察を自宅で受けることができます。

このように、ロボットやAIの進化により、介護の方法やかかわり方は変化していきます。現在の介護の概念は過去のものになっていくでしょう。

しかし、コスト面や多様性がない点（ロボットが単一作業しかできない）など現時点では導入への課題も多く、介護のすべてをロボットやAIがサポートできるとは考えられません。その点、まだまだ訪問看護、訪問リハビリ、訪問介護といった人がかかわる介護サービスは必要とされるでしょう。

ロボットが介入することで介護が機械的になってしまうと懸念する人もいるでしょうが、私はある程度機械的な「モノ」のほうがうまくいく場合もあると考えています。

近い未来、介護にロボットやＡＩが導入されることで、あなたの介護の選択肢が広がることを覚えておいてもらえたらと思います。

理学療法士が教えるセルフケア

〔巻末付録〕

セルフケア

01 椅子を使った足腰を鍛える筋トレ

下半身、特に足腰の筋力は立つ、座る、歩くといった基本的な動作に大きく影響します。足腰が衰えると、動くのが億劫になり、活動量が減ってしまいます。活動量が減ると、ますます足腰は衰え、身体の機能低下が加速する負のスパイラルに陥ります。特に高齢になると、筋力が低下するスピードは早くなります。2020年の新型コロナウイルス流行時には、デイサービスや訪問リハビリの利用を控える人が増えました。数週間、体を動かさないだけで、体力と筋力が大幅に低下した人もいました。高齢者は少し運動しないだけで、体力や筋力が著しく低下します。運動やリハビリは継続して行うよう心がけましょう。

そこで自宅でもできる椅子を使った足腰を鍛える筋力トレーニング（筋トレ）を紹介します。椅子を使うことで転倒のリスクが低くなり安全に筋トレを行うことができます。自力で立てる人向け（立位）、自力で立つのが不安な人向け（座位）の2パターンを紹介します。

＊回数は推奨回数です
＊セット数は1日の合計で構いません（例：朝1セット　昼1セット　夜1セットなど）
＊毎日行うのが望ましいですが、体調や気分がすぐれない日は休みましょう。また、途中で気分が悪くなった場合も中止してください。

自力で立てる人向け（立位）

立ち上がり

立ち上がりは日常生活で頻繁に使う動作です。若い人は勢いで立ち上がることができますが、筋力が低下している高齢者の場合は、重心移動が重要になります。まず体を前に倒して重心を前に移します。重心が十分に前に移ったあとにゆっくりと体を起こして立ち上がります。このような重心移動を意識してやってみてください。

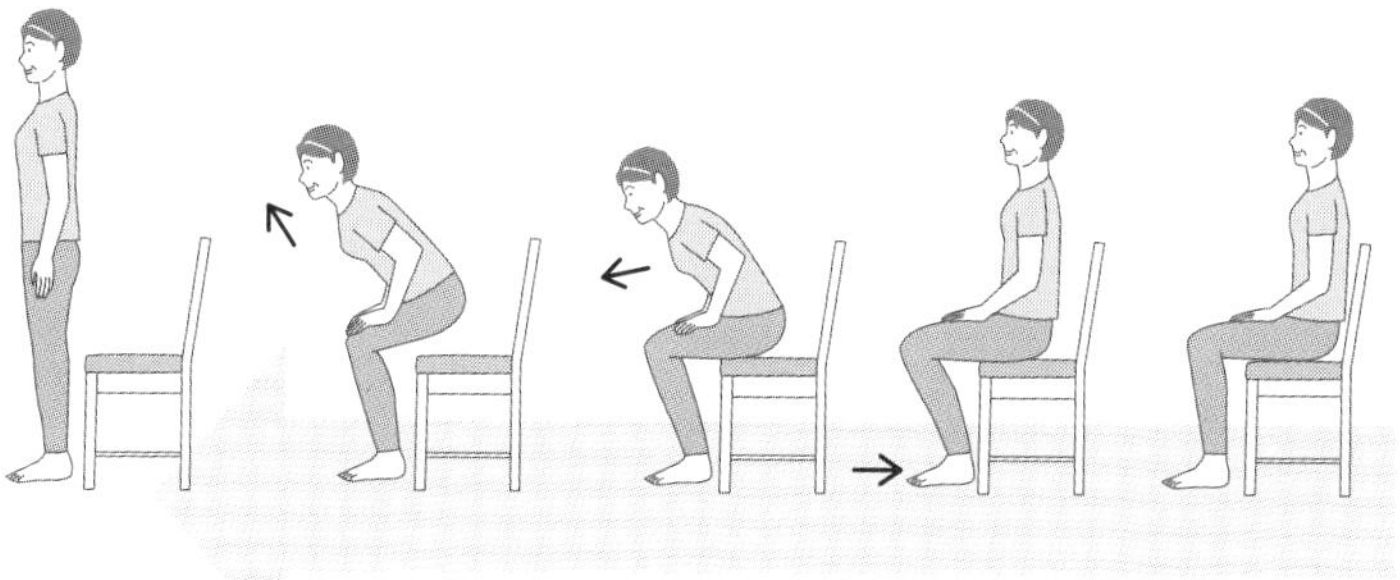

①座った状態から少し両足を後ろに引きます。
②お辞儀をするように体を前に倒します。
③重心が前に移動したら、ゆっくりと立ち上がります。
④立ち上がったら目線をまっすぐ前に向け、背筋を伸ばして姿勢を正します。
⑤座るときはお辞儀をするようにしてゆっくり座り、それから背筋を伸ばします(ドスーンと勢いよく座らないよう気をつけます)。

回数の目安：10回×3セット

スクワット

スクワットは下半身の筋肉や体幹を効率的に鍛えることができる筋トレの一つです。腰を落とす際、お尻を後ろに突き出すようにします。ひざがつま先より前に出ないように気をつけましょう。太ももと床が平行になるまで腰を落とすのが理想ですが、ひざに痛みが出たり、転びそうだと感じたりする場合は、安全にできる範囲で行いましょう。

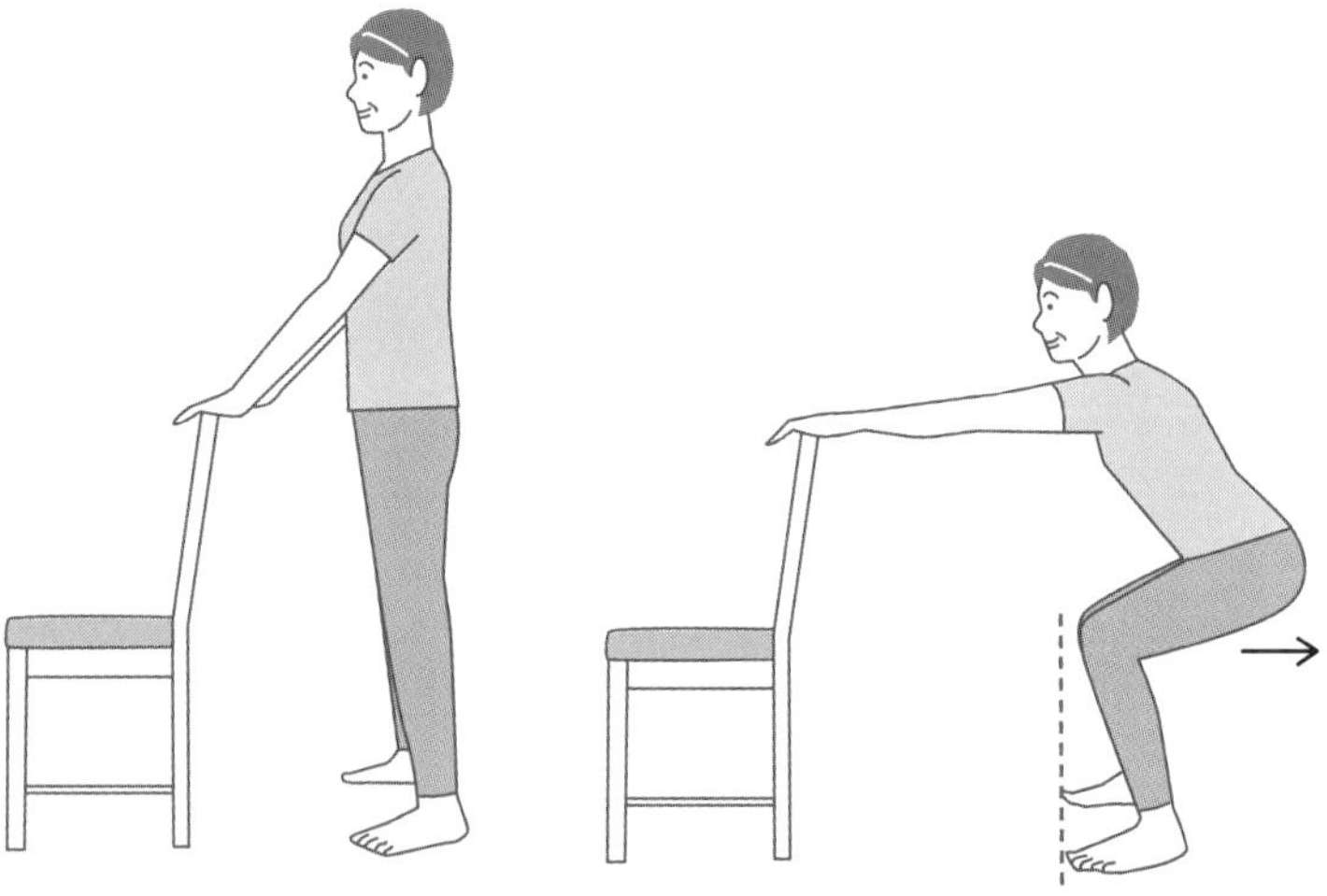

①椅子の背もたれを両手で持ち、足を肩幅に広げます。
②お尻を後ろに突き出すようにして、腰を落とします。
③その際、ひざがつま先より前に出ないよう気をつけます。

回数の目安：10回×3セット

片足立ち

片足立ちはバランス能力を向上させるのに効果的です。足は高く上げる必要はありません（床から5～15㎝程度でOK）。片足立ちが5秒間できない場合は、日常生活に支障をきたすといわれています。ただし、片足立ちはバランスを崩しやすく、転倒のリスクが高いので、必ず椅子の背もたれなどを支えにしてください。支えを持っても片足立ちができない場合は無理に行う必要はありません。

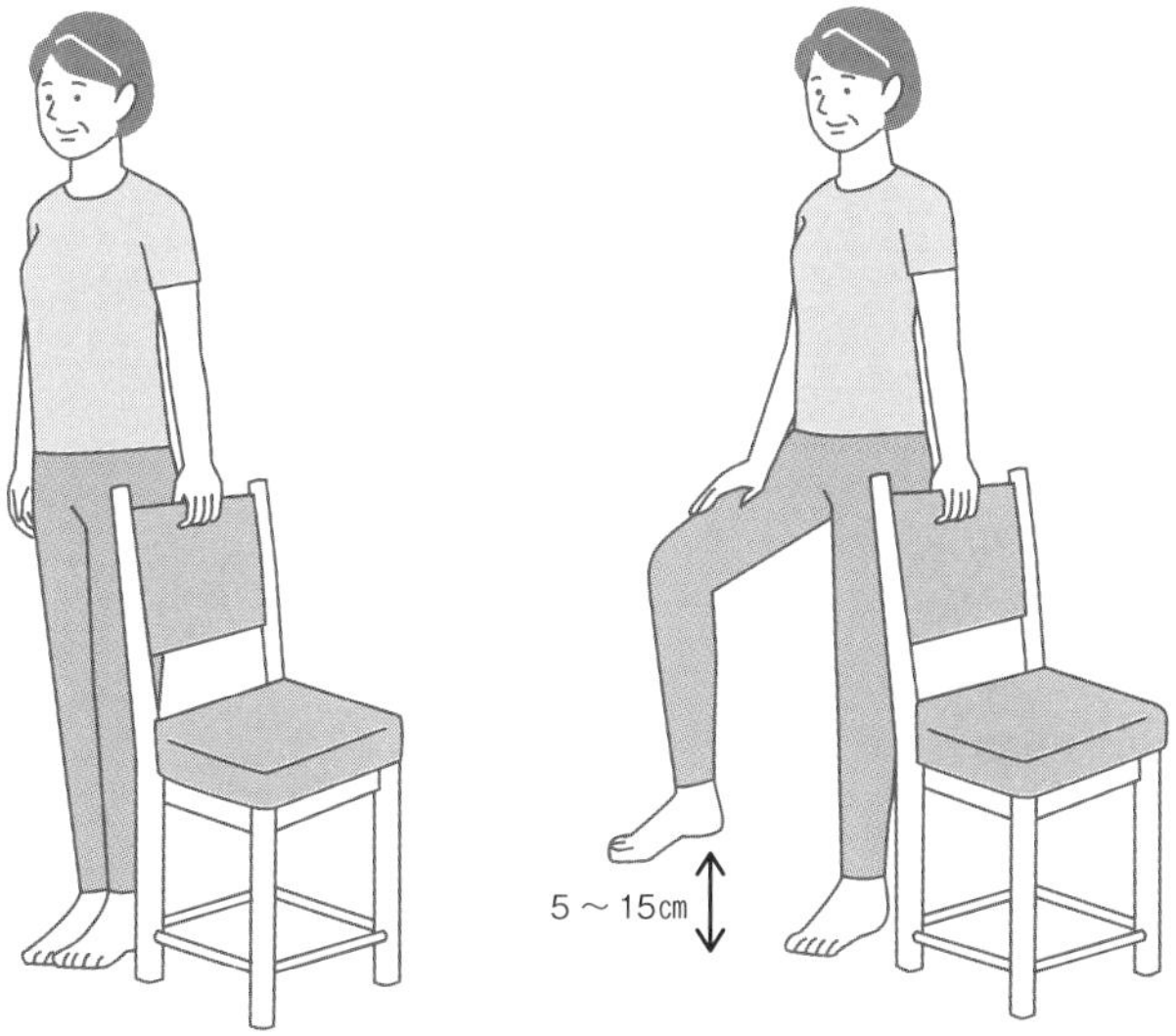

①椅子の背もたれを片手で持ちます。

②目線をまっすぐ前に向け、片足立ちになり、5秒ほど静止します。

回数の目安：左右5秒ずつ×2回

もも上げ

もも上げは股関節の前側の筋肉を鍛えます。この部分を鍛えることで、歩行時に足が高く上がり、すり足になることを防ぎます。また、段差を上がる際に、足を高く上げることができるようになり、段差にひっかかるのを防ぎます。ももをできるだけ高く持ち上げるようにします（できればひざが90度になるように）。その際、体が前後に倒れないように、背筋をまっすぐ伸ばしたまま上げるよう意識をしましょう。

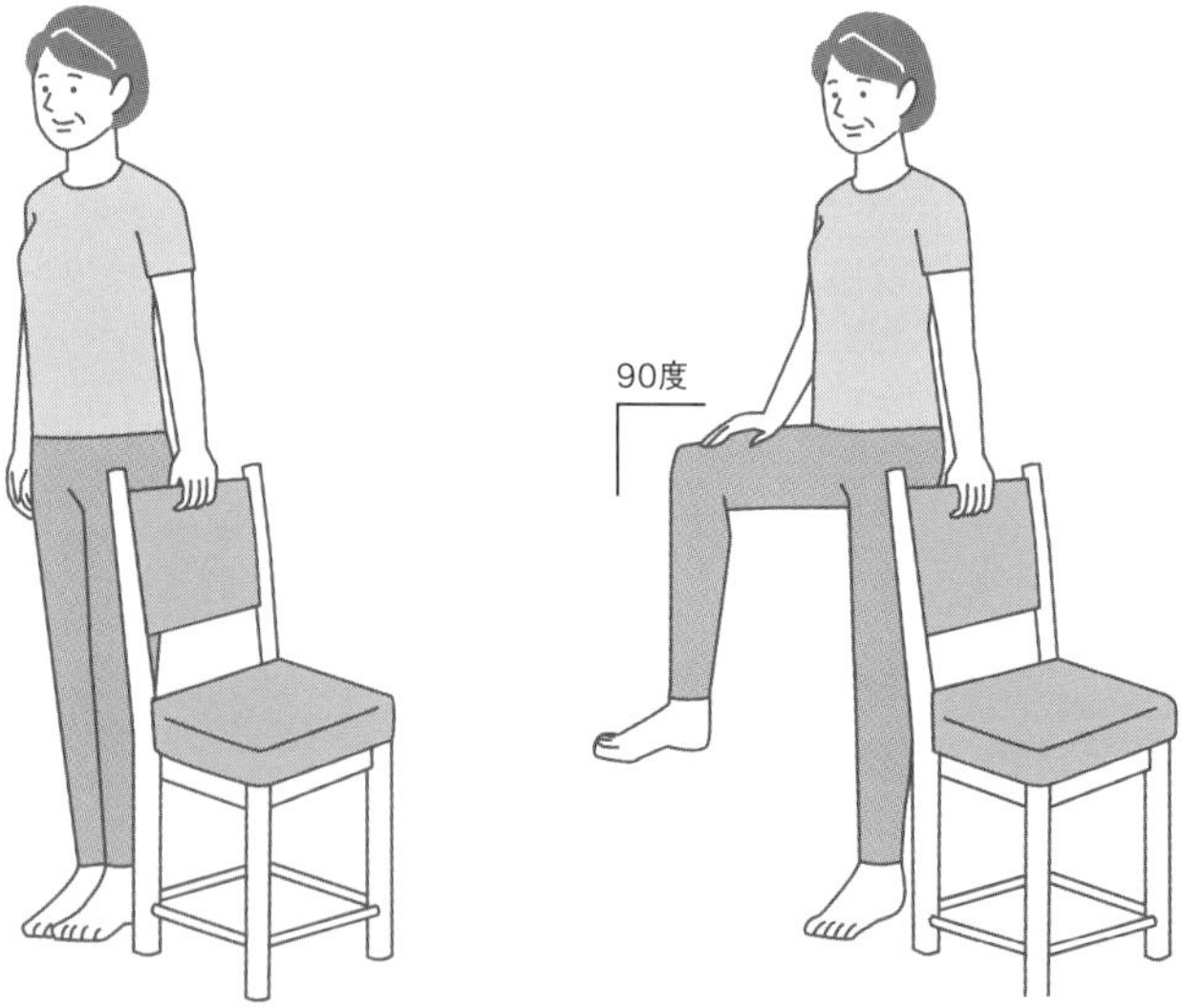

①椅子の背もたれを片手で持ちます。
②目線をまっすぐ前に向け、交互にももを持ち上げます。

回数の目安：左右交互に10回ずつ×3セット

かかと上げ

かかと上げは「第2の心臓」といわれているふくらはぎを鍛えることができます。ふくらはぎを鍛えると、歩行時に足を蹴り出す力が向上します。その他にも、下肢のむくみの防止や血液循環を改善する効果があります。できるだけまっすぐ背筋を伸ばして、真上に体を持ち上げるイメージで行いましょう。

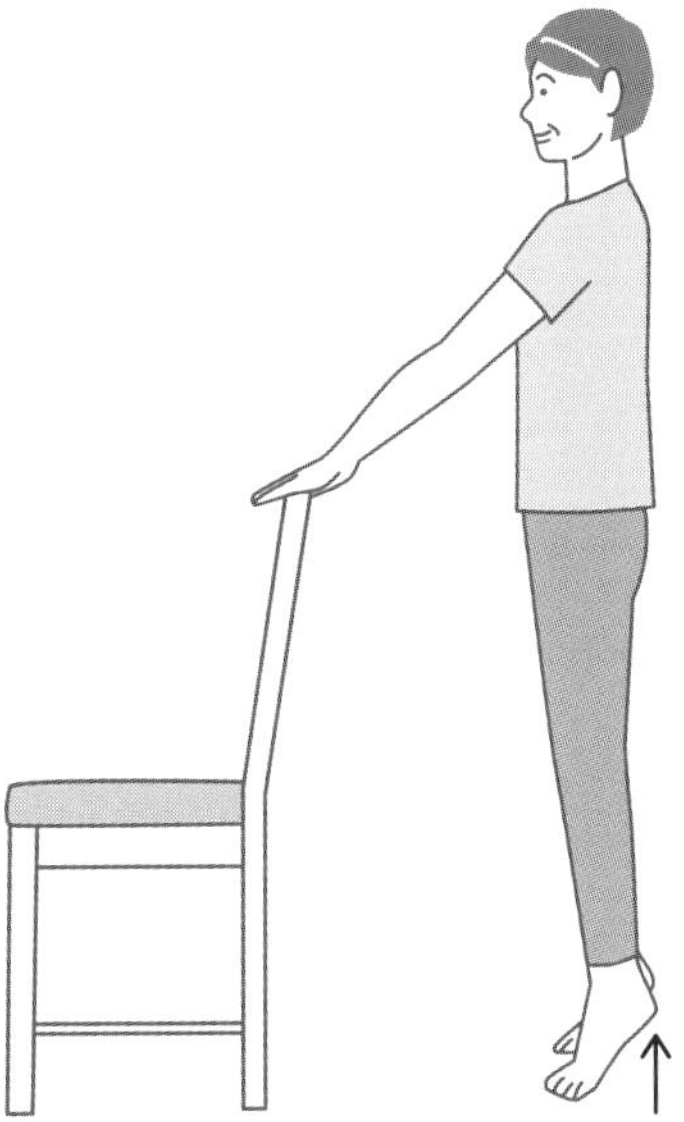

①椅子の背もたれを両手で持ち、足を肩幅に広げます。
②目線をまっすぐ前に向け、背伸びをするようにかかとを上げます。
③ひざが曲がらないように気をつけましょう。

回数の目安：10回×3セット

つま先上げ

つま先上げは、足首の前側の筋肉を鍛えます。この部分を鍛えると、歩行時につま先が上を向き、段差で引っかかるのを防ぎます。お尻を後ろに突き出さないようにして、背筋を伸ばし、つま先を真上に持ち上げるイメージで行いましょう。

①椅子の背もたれを両手で持ち、足を肩幅に広げます。
②目線をまっすぐ前に向け、つま先を上げます。

回数の目安：10回×3セット

立つのが不安な人向け（座位）

椅子の選び方

座っているとき、姿勢を十分に保持できない人は背もたれとひじ掛けがある椅子を選びましょう。動きを制限してしまう可能性もありますが、安全性が最優先です。体操をするにあたり、最も大切なことは転倒をしないことです。

もも上げ

椅子に座り、背筋はまっすぐ伸ばした状態でももを上げます。椅子の背もたれに背中がつかないように少し浅く座った状態で行えれば理想的です。

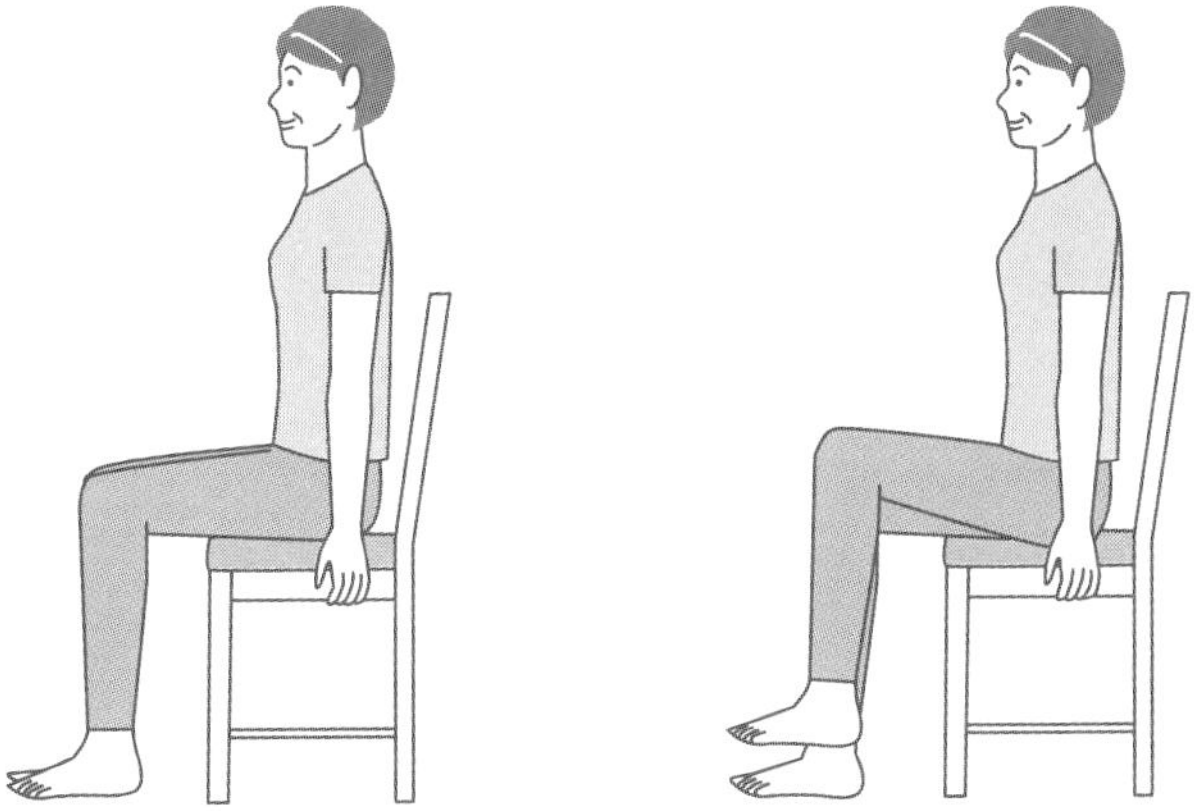

①座った状態から交互にももを持ち上げます。
②体が後ろに反らないよう気をつけます。

回数の目安：左右交互に10回ずつ×3セット

ひざ伸ばし

椅子に少し浅く座り、背筋をまっすぐ伸ばします。ひざを問題なく伸ばすことができる人は、つま先を上に向けてみましょう。足の裏側が引っ張られ、ストレッチ効果を得ることもできます。

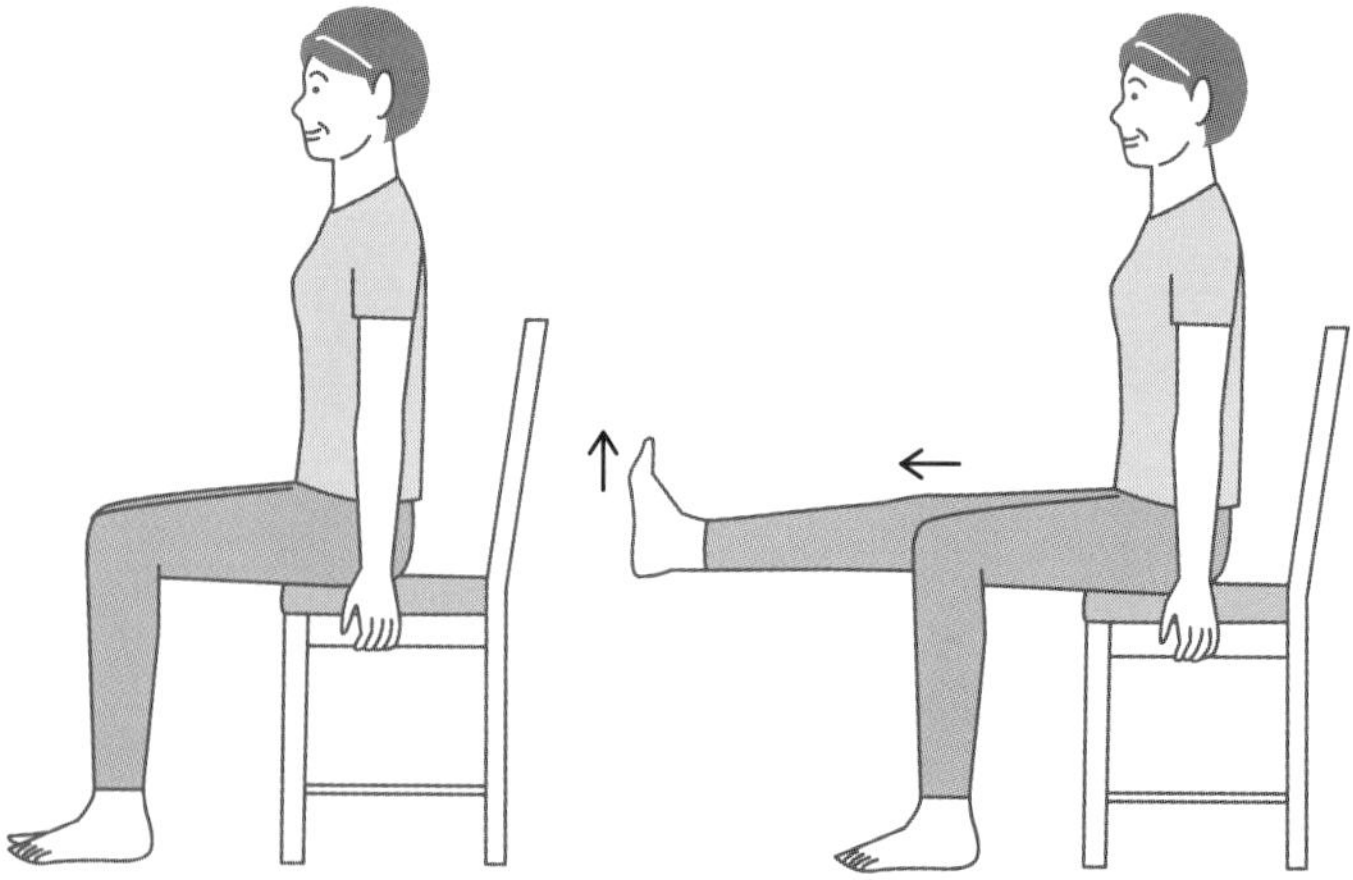

①座った状態から交互にひざを伸ばします。
②体が後ろに反らないよう気をつけます。

回数の目安：左右交互に10回ずつ×3セット

かかと上げ

椅子に少し浅く座り、足をやや後ろに引き、体が前後に倒れないようにします。背筋はまっすぐに伸ばします。できるだけ高くかかとを上げるように意識しましょう。

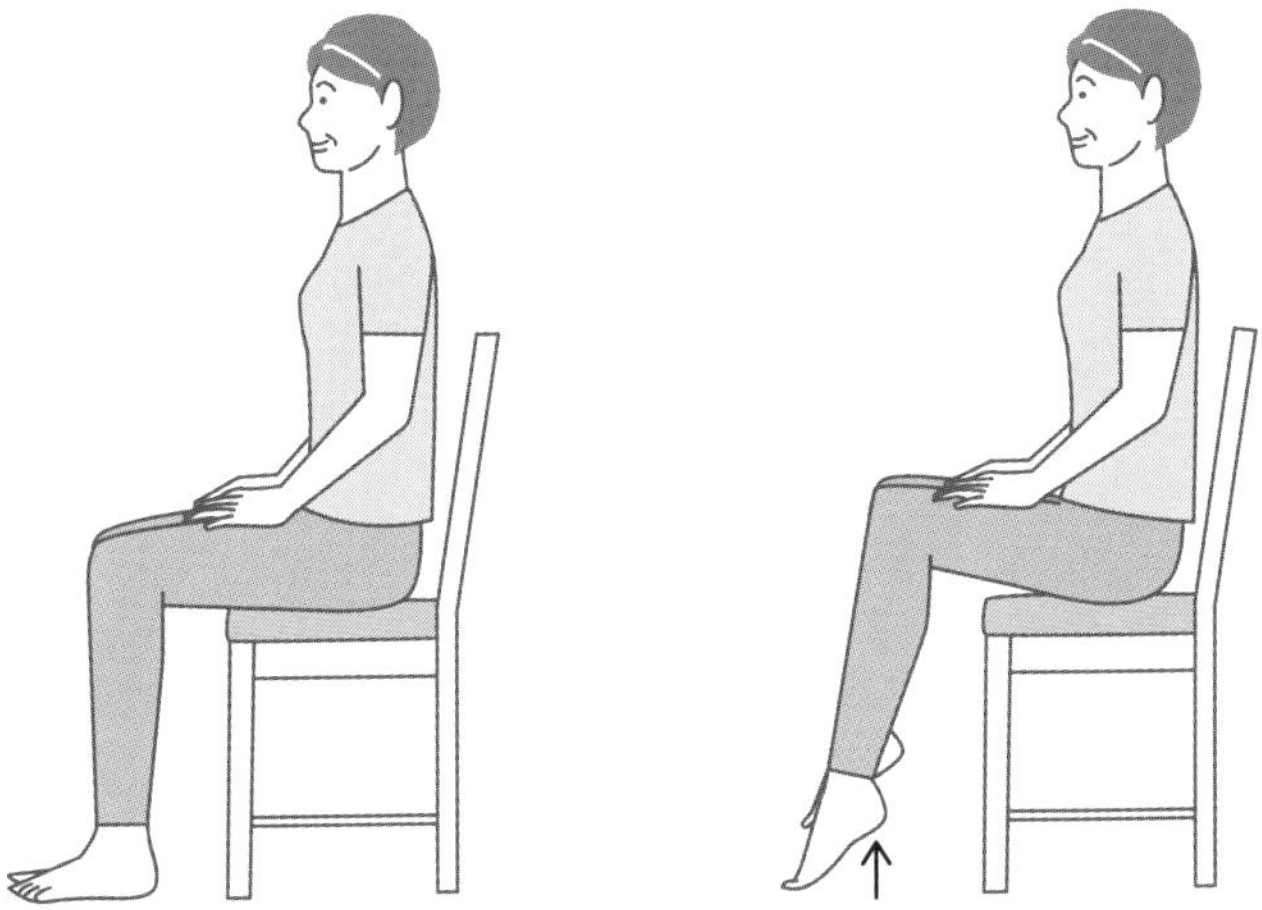

①少しだけ足を後ろに引きぎみに座ります。
②目線をまっすぐ前に向け、かかとを上げます。

回数の目安：10回×3セット

つま先上げ

椅子に少し浅く座り、足をやや前に出し、体が前後に倒れないようにします。背筋はまっすぐ伸ばします。できるだけ高くつま先を上げるように意識しましょう。

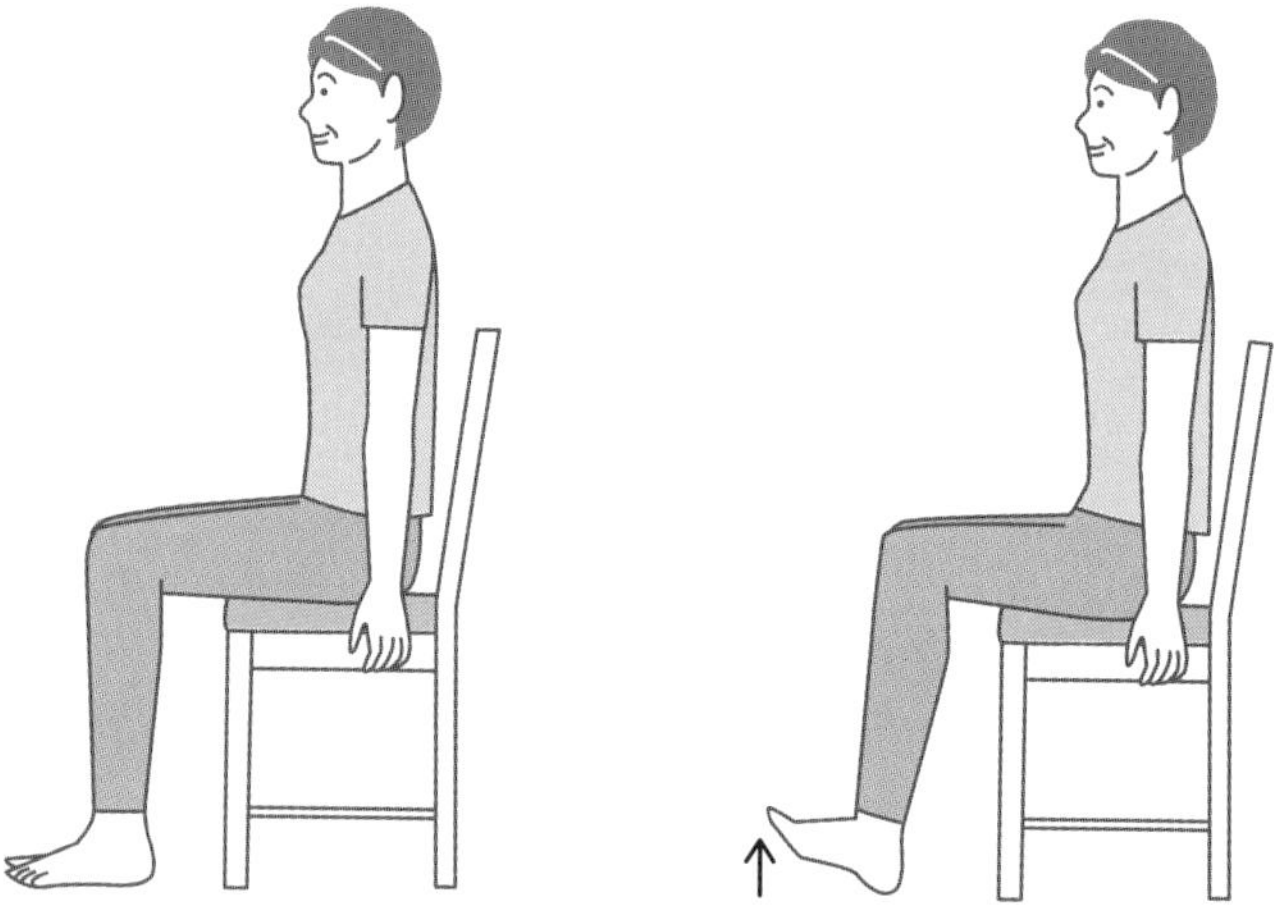

①椅子に座り、少しだけ足を前に出します。
②目線をまっすぐ前に向け、つま先を上げます。

回数の目安：10回×3セット

足閉じ

足閉じは、足の内側の筋肉を鍛えることができます。骨盤やひざ関節の安定につながります。やわらかいボールやクッションなどを足に挟んで、ギュっと押しつぶすように力を入れます。

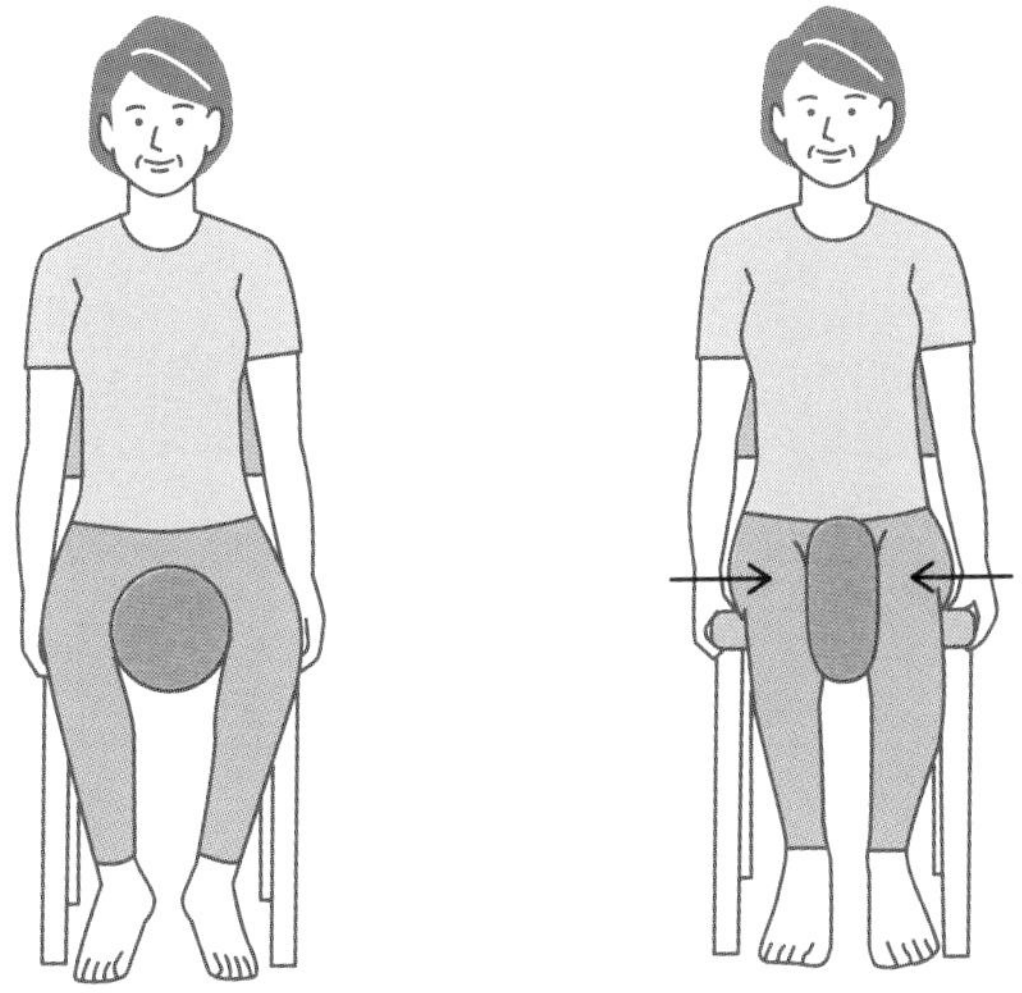

①両ひざの間にボール（クッション）を挟みます。
②太ももの内側に力を入れてボールを５秒間押しつぶします。

回数の目安：10回×3セット

02 セルフケア

円背を予防する体操

背中が丸まった姿勢を「円背《えんぱい》」と呼びます。高齢者によく見られる姿勢の一つです。円背になると、姿勢のバランスが崩れてしまうため転びやすくなってしまいます。転ぶことへの恐怖心から外出を控えるようになり、閉じこもりになるケースもあります。円背の原因には骨の変形と筋力の低下があります。骨の変形が原因の場合は簡単に治りませんが、筋力の低下は早期に対応すれば改善できる可能性があります。「背中が少し丸まってきたような気がする」と感じたり、他人から「最近、姿勢が悪くなってない?」と指摘されたりしたら、円背を予防する体操を行いましょう。

自宅で簡単にできる円背の予防方法は、筋トレとストレッチです。筋トレで筋力の低下を防ぎ、ストレッチで丸まって短くなった背中の筋肉を伸ばします。ただし、円背予防の筋トレやストレッチは骨に過度な負担をかけてしまうことがあります。痛みが出た場合はすぐに中止してください。

ストレッチ

胸のストレッチ

大胸筋は胸の前についている筋肉です。大胸筋が硬くなると、肩が内側に巻き込まれるような姿勢になって背中が丸まってしまいます。肩を外側に開くイメージで胸前の筋肉を伸ばしましょう。

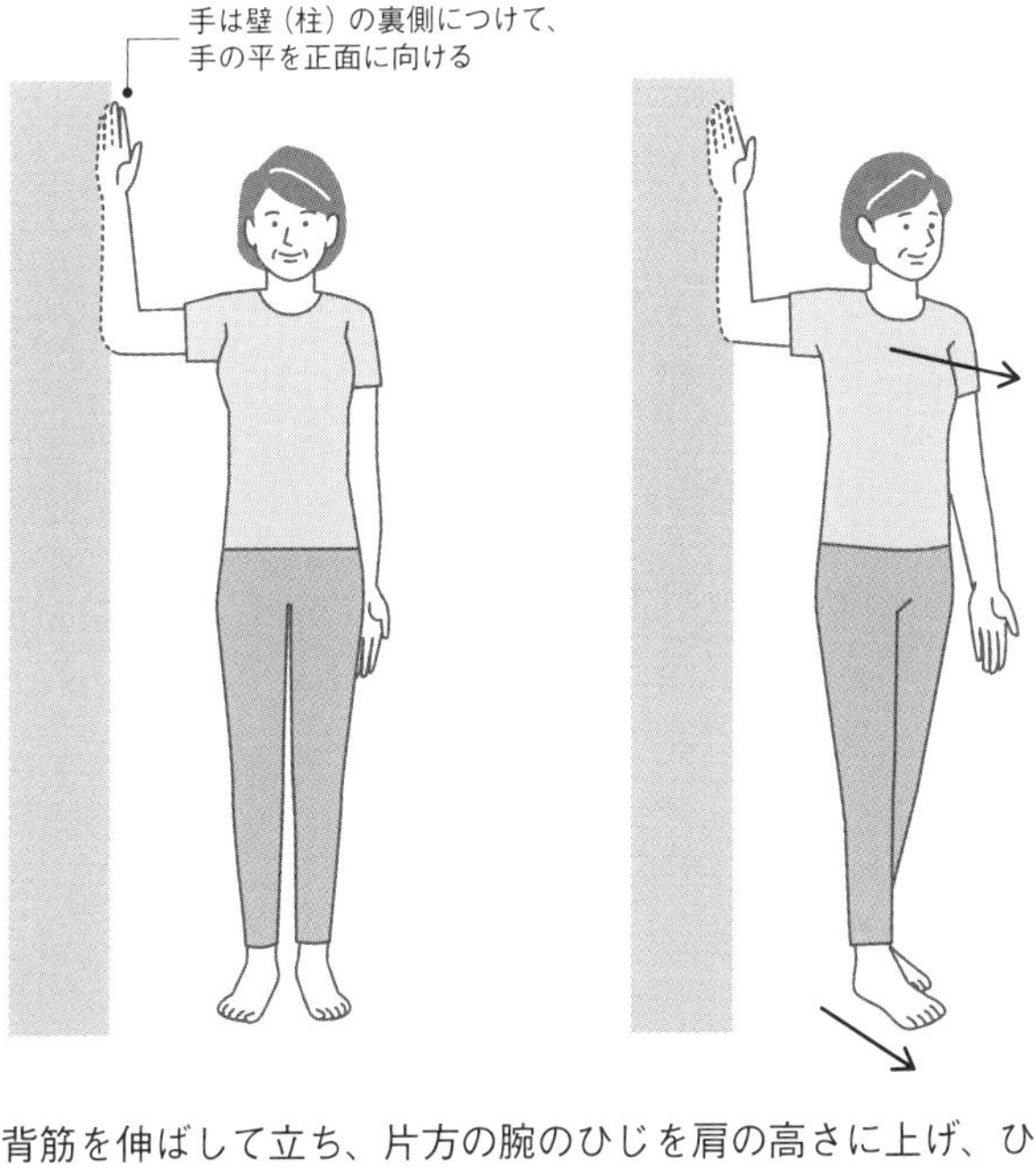
手は壁（柱）の裏側につけて、
手の平を正面に向ける

①背筋を伸ばして立ち、片方の腕のひじを肩の高さに上げ、ひじから手の平を壁（柱）の裏側につけます。
②胸を張り、壁に近いほうの足を前に出しながら、胸も突き出し、上半身を前に押し出します。

回数の目安：左右1回ずつ5秒間伸ばす

背中のストレッチ

背中には広背筋や脊柱起立筋といった大きな筋肉があります。これらの筋肉の働きが衰えると、体を真っ直ぐ伸ばすことができず丸まってしまいます。この背中のストレッチは背骨に負荷がかかるので、骨粗鬆症や圧迫骨折の既往歴がある人は無理に行わないでください。痛みを感じたら、中止してください。

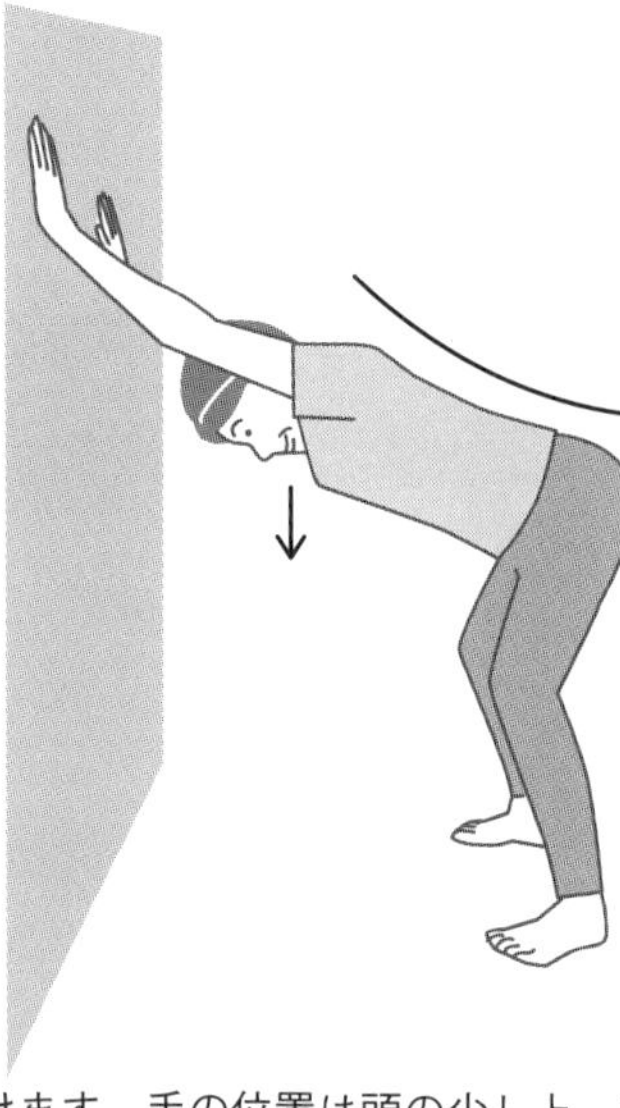

①両手を壁に付けます。手の位置は頭の少し上、ひじは曲げずに腕をまっすぐ上に伸ばします。
②あごと胸を地面に向けて近づけるように、ゆっくりと上体を下げていきます。腕から腰にかけてゆるやかな弓状になるイメージです。

回数の目安：5秒間伸ばす

股関節のストレッチ

円背になると、バランスを保つために股関節を曲げた姿勢になります。そのため、股関節についている筋肉(お尻の筋肉)が硬くなってしまうので、しっかりと伸ばしておきましょう。

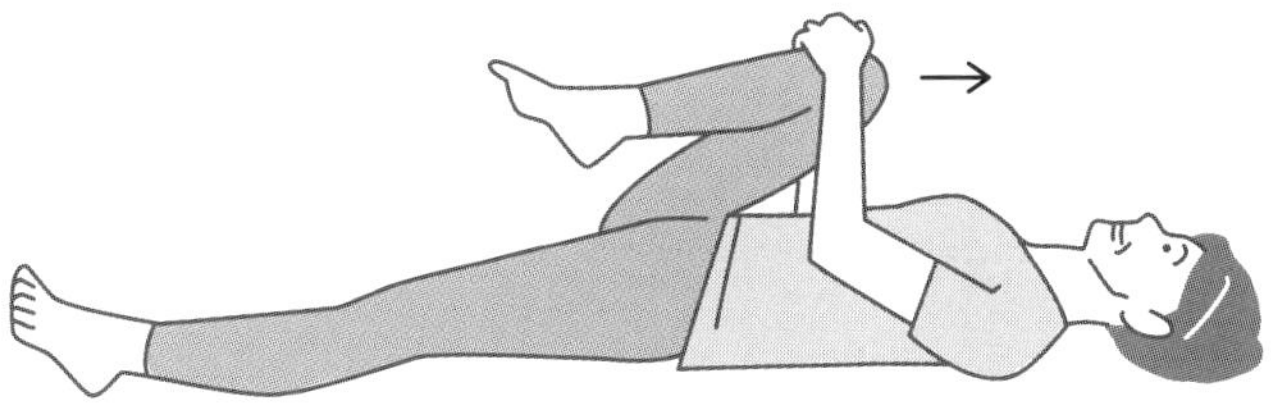

①仰向けに寝て片方のひざを立てておきます。ひざを両手で掴み、胸に引きつけます。
②頭や背中が地面から離れないように注意しましょう。

回数の目安：左右1回ずつ5秒間伸ばす

太もものストレッチ

太ももの前側には、大腿四頭筋という大きな筋肉があります。この筋肉が硬くなると前かがみの姿勢になってしまいます。この太もものストレッチはひざ関節に負荷がかかるので、ひざの痛みがある人は無理をしないでください。

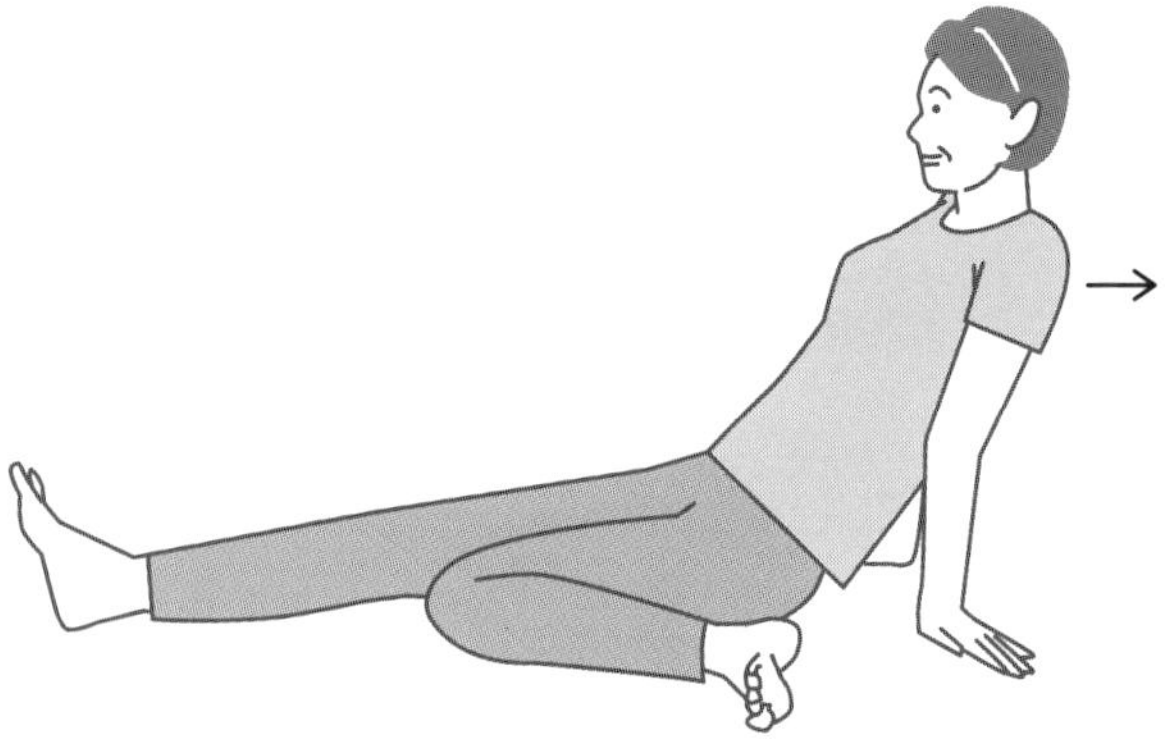

①一方の足は前方へ伸ばし、他方の足はひざを折り曲げ、かかとをお尻の横につけるようにして座ります。
②両手は体の後ろについて、上体を支えます。体を少しずつ後ろに倒して、太ももを伸ばします。

回数の目安：左右1回ずつ5秒間伸ばす

太もも裏のストレッチ

太ももの裏のハムストリングスという筋肉を伸ばします。前屈した際、つま先を掴めれば理想的ですが、掴めない人は足首を掴んでも良いです。ふくらはぎ、太ももの裏側が「痛気持ち良い」ところまで伸ばせれば十分です。つま先を上に向けて、ひざが曲がらないよう注意しましょう。

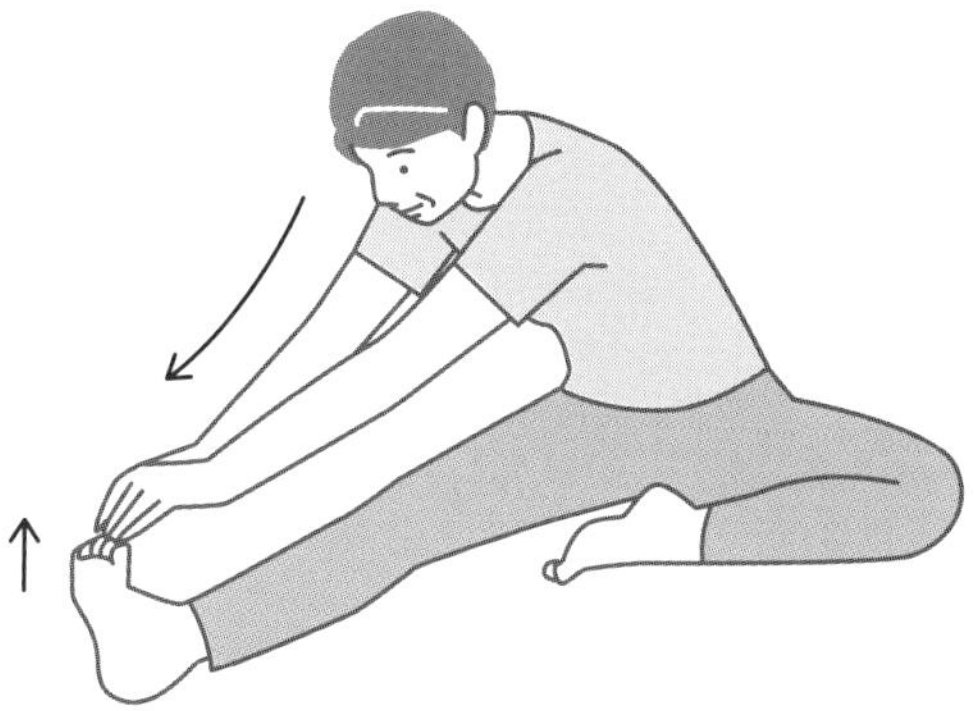

①床に座って片方の足を前に伸ばします。つま先を上に向けて、ひざをしっかり伸ばします。
②片方の足は内側に折り曲げます。
③上体を少しずつ前に倒して、手をつま先に向かって伸ばします。

回数の目安：左右1回ずつ5秒間伸ばす

体幹トレーニング

腹筋運動

腹筋を鍛えるトレーニングです。上半身を持ち上げられると理想的ですが、難しい人は頭を浮かせる動作だけでも構いません。できるだけおへそを見るように意識しましょう。この時、息は止めずに吐きながら行うようにしましょう。

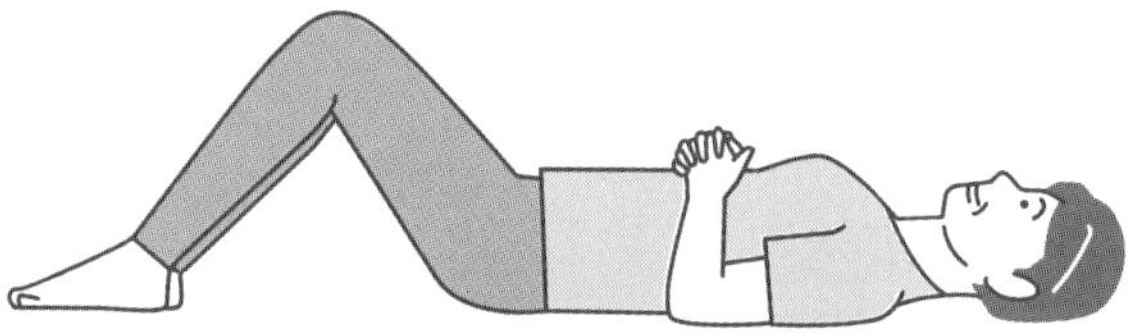

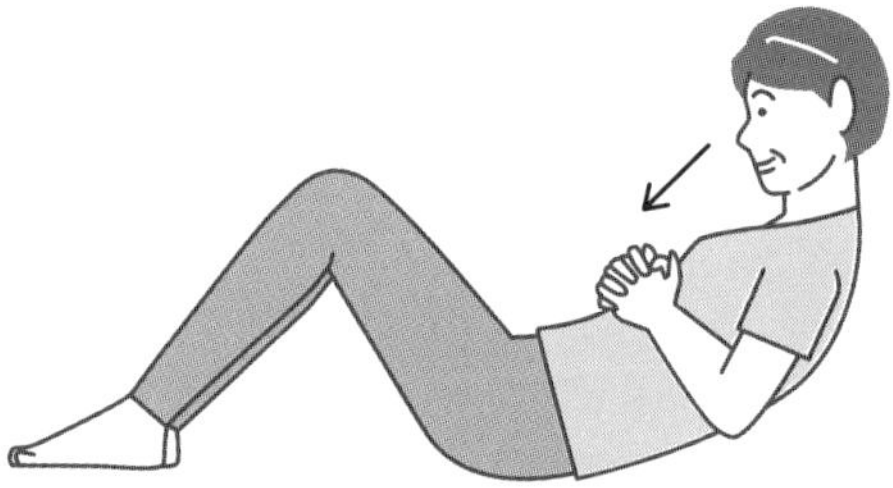

①仰向けになり、ひざを軽く曲げます。手はお腹に軽く乗せます。
②腕の力は使わず、おへそが見える位置までゆっくり上体を起こします。

回数の目安：1セット5回、1日3セット

ドローイン

腹部周辺の内側の筋肉（インナーマッスル）を鍛えるトレーニングです。背中全体で床を押しつけるように息を吐きます。慣れない間は、両手でお腹を触って、しっかりと凹んでいることを確認しながら行いましょう。

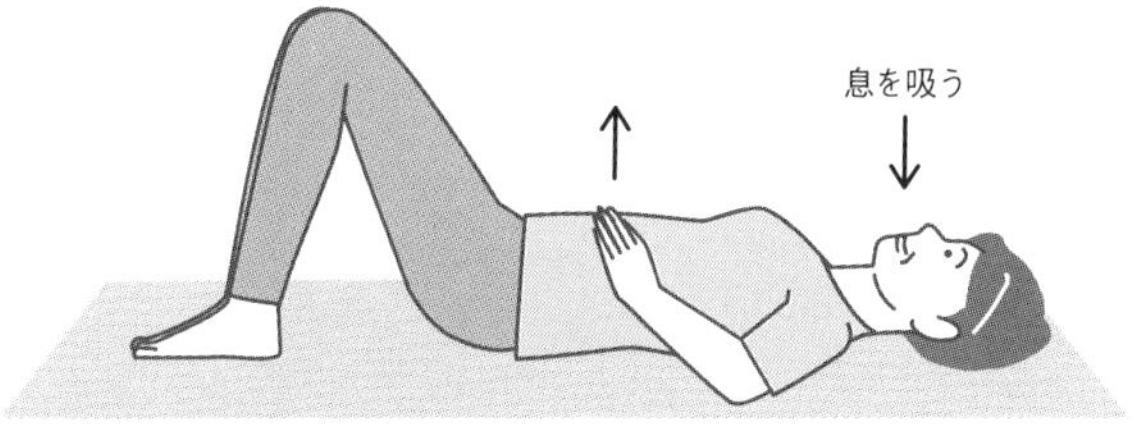

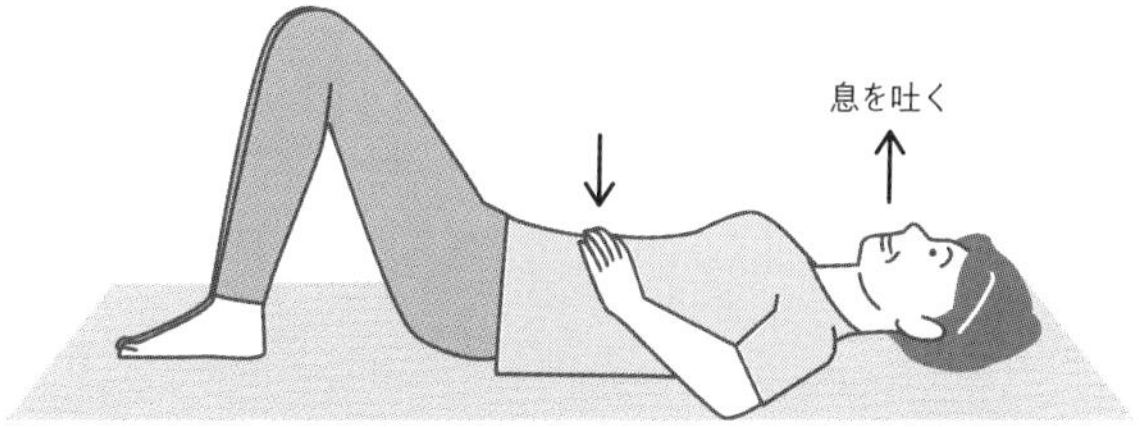

①大きく息を吸いながら、胸とお腹を膨らませていきます。
②次に、ゆっくりと息を吐きながら背中全体で床を押しつけるように息を吐いていきます。

回数の目安：1セット5回、1日3セット

お尻の筋力トレーニング

お尻の筋肉を鍛えることで、骨盤の安定性が向上して背骨への負荷を軽減させることができます。お尻をキュッと締めるようにして持ち上げましょう。よく腕の力を使った反動で持ち上げている人もいますが、効果は薄れてしまいます。腕は「体を支える程度の力」を意識して行うと良いでしょう。

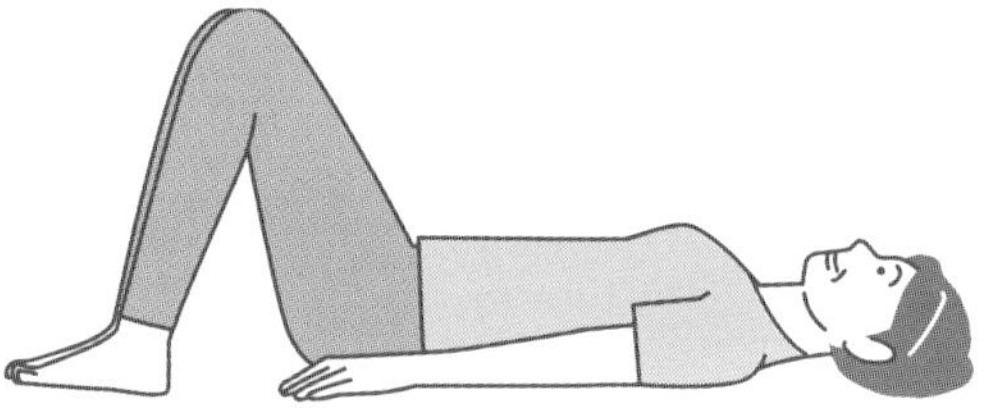

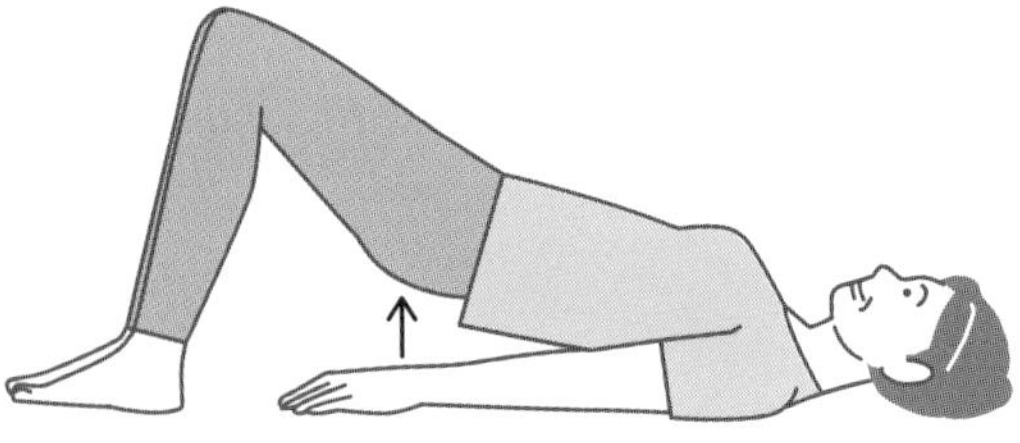

①仰向けになり、ひざを軽く曲げます。
②ゆっくりとお尻を高く持ち上げます。

回数の目安：1セット10回、1日3セット

セルフケア

03 排泄機能を維持・改善するための体操

尿もれや便秘に悩む高齢者は少なくありません。尿もれが頻回な高齢者は外出を控える傾向にあり、活動性が低下してしまいます。また、便秘が続くと食欲不振に陥り、栄養状態に影響してしまいます。

尿もれや便秘の原因は、加齢、薬の影響、精神・心理的問題などさまざまですが、多くの高齢者が抱える原因として「骨盤底筋の筋力低下」が挙げられます。骨盤底筋は、文字通り骨盤の底についている筋肉で、排泄のコントロールに関係しています。

そのため、尿もれや便秘といった排泄に関わる機能維持には、骨盤底筋を刺激する体操がお勧めです。体操は座ったまま、または寝ながらできる簡単なものです。ここで紹介する体操は、それほど疲れる内容ではないために効果は感じにくいかもしれませんが、少なくとも3カ月は続けてみてください。

排便・尿もれ改善体操

ドローイン（腹筋運動）

前述した「ドローイン」を椅子に座った状態で行います。お腹を凹ませたり、膨らませたりすることで、腹部の深層部の筋肉を刺激します。腸に近い筋肉を活動化させることで、腸の蠕動運動を促進します。胸を張り、背筋を伸ばして行います。ポイントはお腹を凹ませながら、息を吐き出すことです。

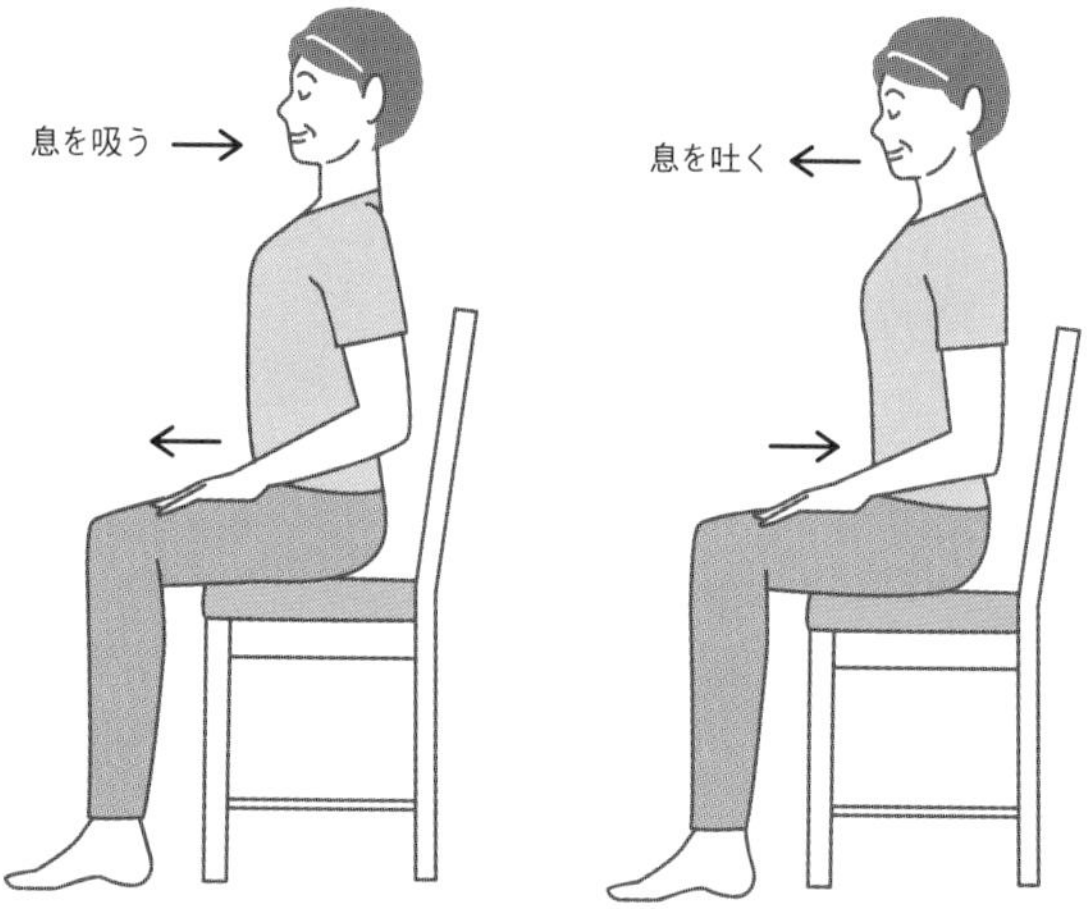

①背筋を伸ばして椅子に座ります。背もたれに触れないように浅く座ることができると、より効果的です。
②お腹を膨らませながら、大きく息を吸います。
③腹を凹ませながら、大きく息を吐き出します。

回数の目安：10回×3セット

足踏み運動

椅子に座って足踏み運動を行います。腕を振ることで体をひねることができ、腹圧もかかるので、大腸へ刺激を与えることができます。姿勢が前かがみになると腹筋があまり働かないので、背筋を伸ばすよう心がけましょう。ポイントは手足を交互にテンポよく動かすことです。腕を大きく振るとより効果的です。

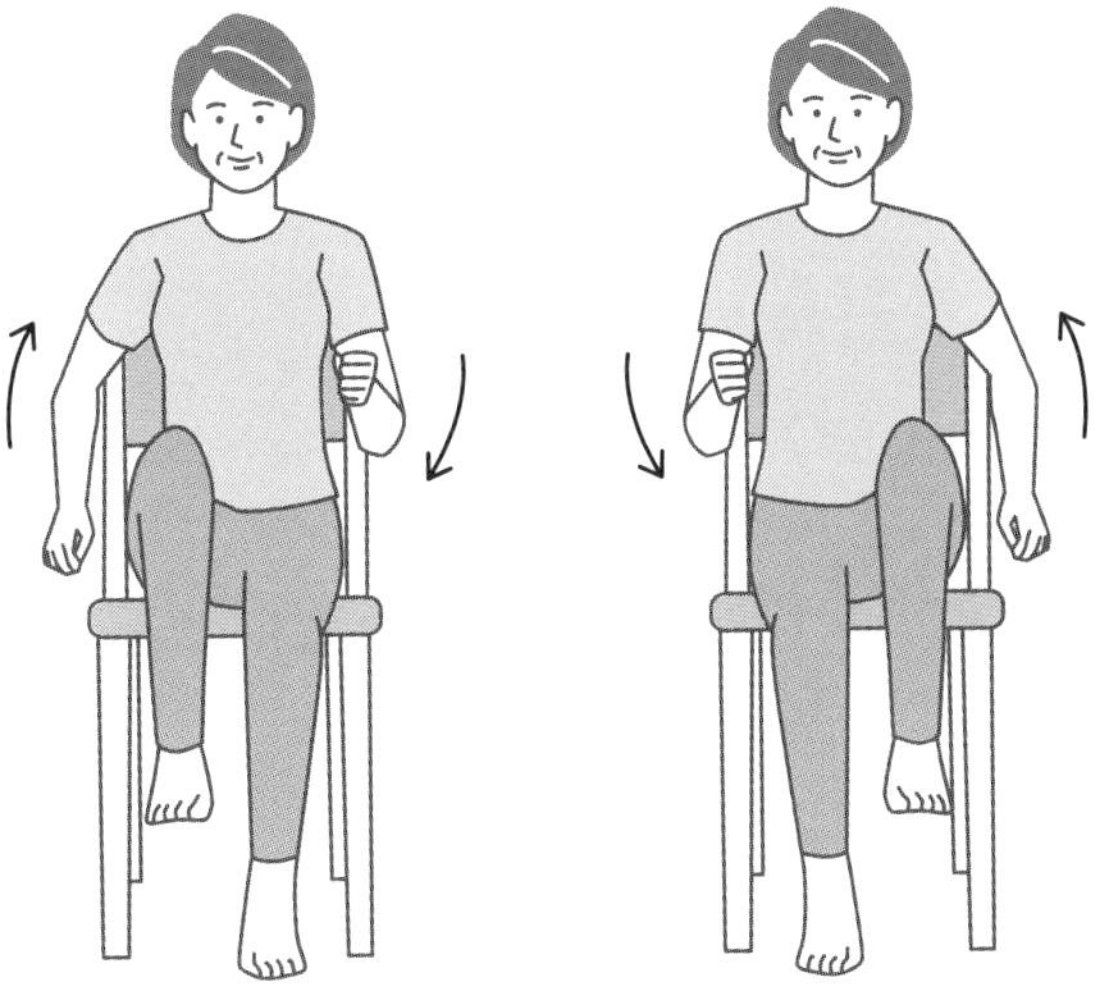

①背筋を伸ばして、足踏みを行います。
②足踏みに合わせて腕もテンポよく振ります。

回数の目安：1セット左右交互に10回、1日3セット

ひねり運動

椅子に座ってお腹をひねります。下腹部をひねる動きは腹斜筋などの腹部の外側の筋肉を刺激します。この体操を行う場合は、脊椎疾患や腰痛がないかを確認してから行ってください。ポイントは、下半身を固定して、後ろを振り向くようにしっかりと上半身をひねります。背筋を伸ばし、胸を張ることを意識してください。

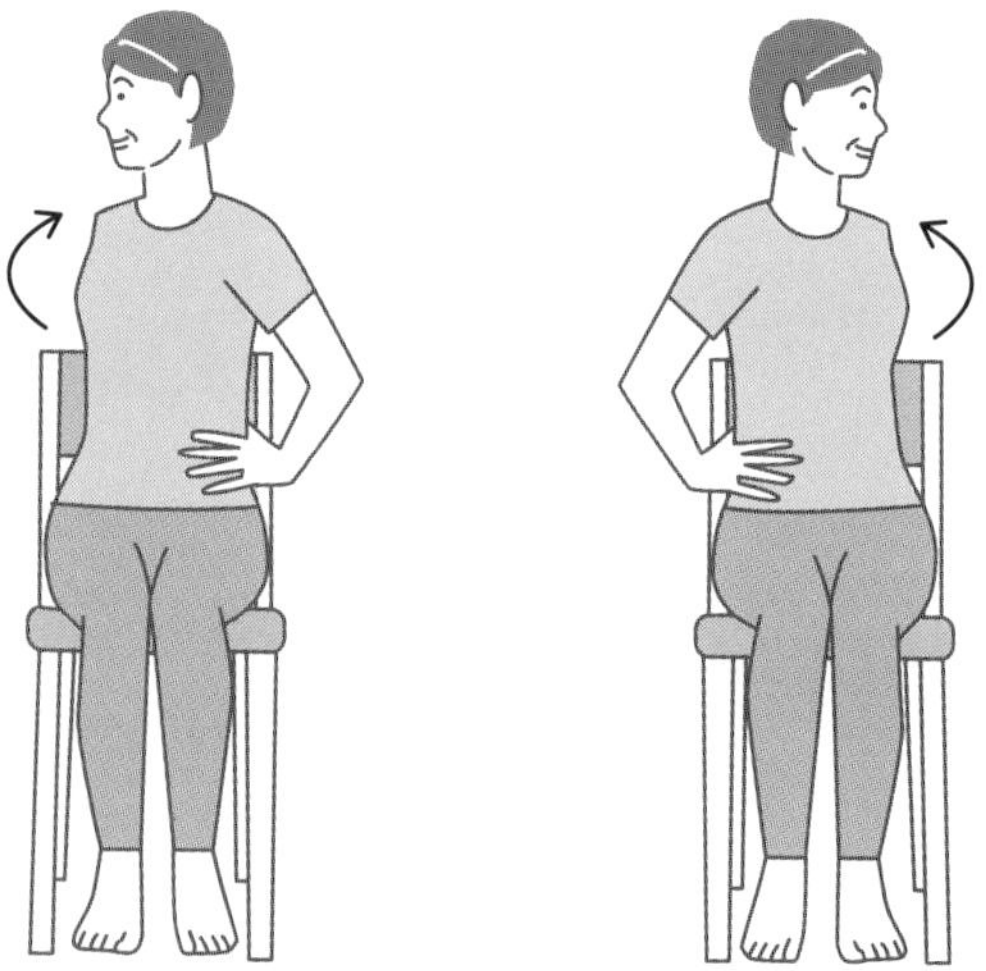

①背筋を伸ばして、両足で床をしっかり踏み込み、下半身を安定させます。
②下半身は動かさずに、お腹をひねって後ろを振り向くように上半身をひねります。

回数の目安：1セット左右交互に10回、1日3セット

肛門引き締め体操

肛門の開閉をコントロールする肛門括約筋を鍛えます。背筋を伸ばして少し浅めに座ります。床につけた両足は肩幅に開き、リラックスして腹部に力が入らないようにします。10秒間肛門を引き締めたら、30秒間力を抜いてリラックスします。

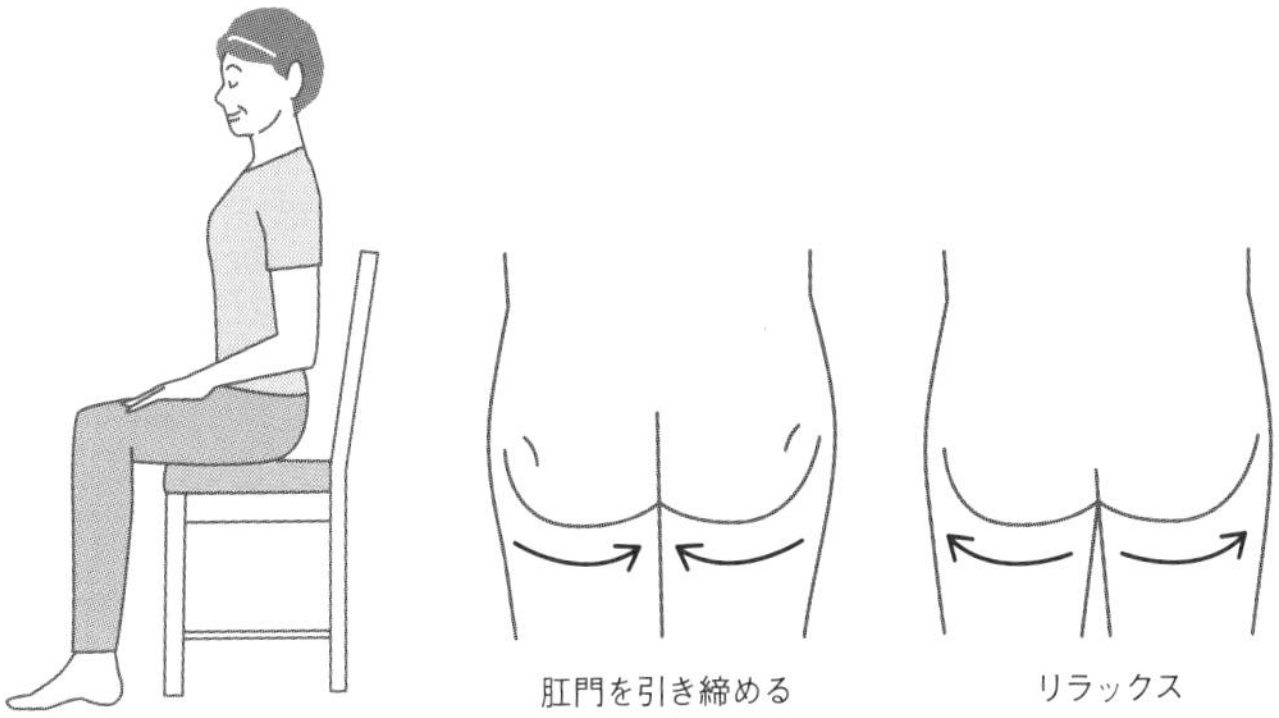

①両足は肩幅に開き、背筋を伸ばして、リラックスします。
②おならをがまんするイメージで肛門をぐっと引き締めます。10秒間引き締めたら、30秒間リラックスします。これを繰り返します。

回数の目安：1セット10回、1日3セット

ボール挟み体操

バレーボールほどの大きさでやわらかいボールを使用します。ボールがない場合は丸めたタオルでも構いません。ボールを太ももで挟むことで、効果的に骨盤底筋を鍛えることができます。また、骨盤底筋を支える内転筋（太もも内側の筋肉）も同時に鍛えることができます。ボールを押しつぶすときにお尻の穴を締める、足を緩めるときにお尻の穴を緩めるという意識をもって行います。

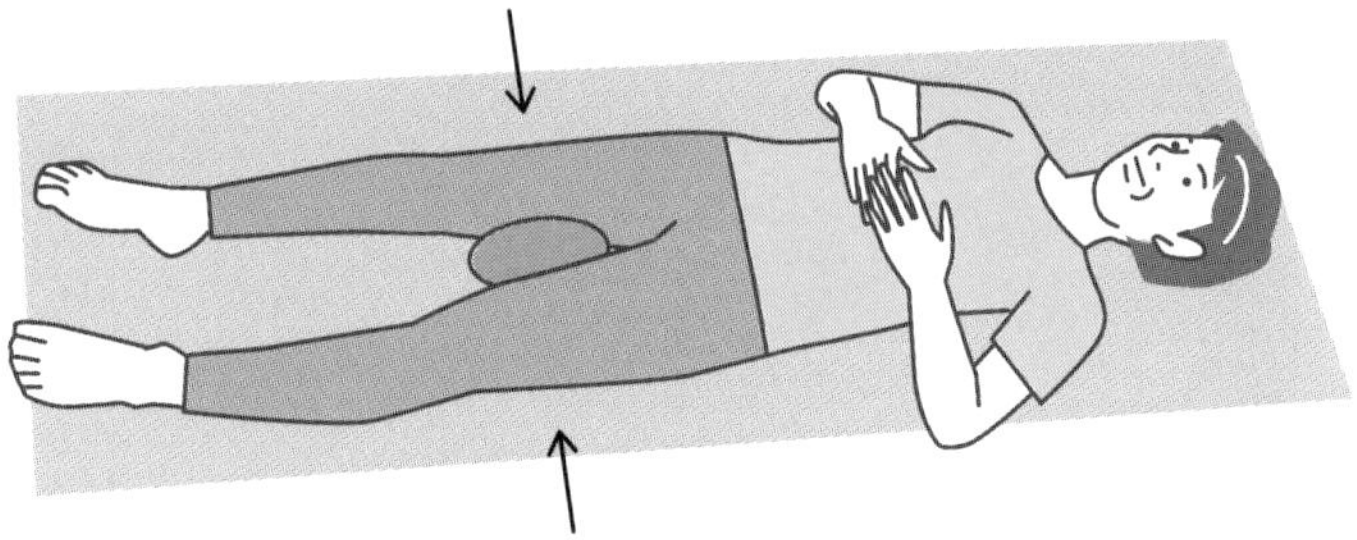

①仰向けに寝た状態で太ももにボールを挟みます。背中にマットやタオルを敷くと背中やお尻の痛みを軽減できます。
②お尻に力を入れて、太ももでボールをぐっと押しつぶすように挟みます。

回数の目安：1セット10回、1日3セット

お尻上げ体操

前述の「お尻の筋力トレーニング」にボール挟みを加えることで骨盤底筋をより意識することができます。ボールがない場合は丸めたタオルでも構いません。お尻の穴を締めることを意識します。挟んだボールやタオルが落ちないようにひざをしっかり閉じた状態で行います。

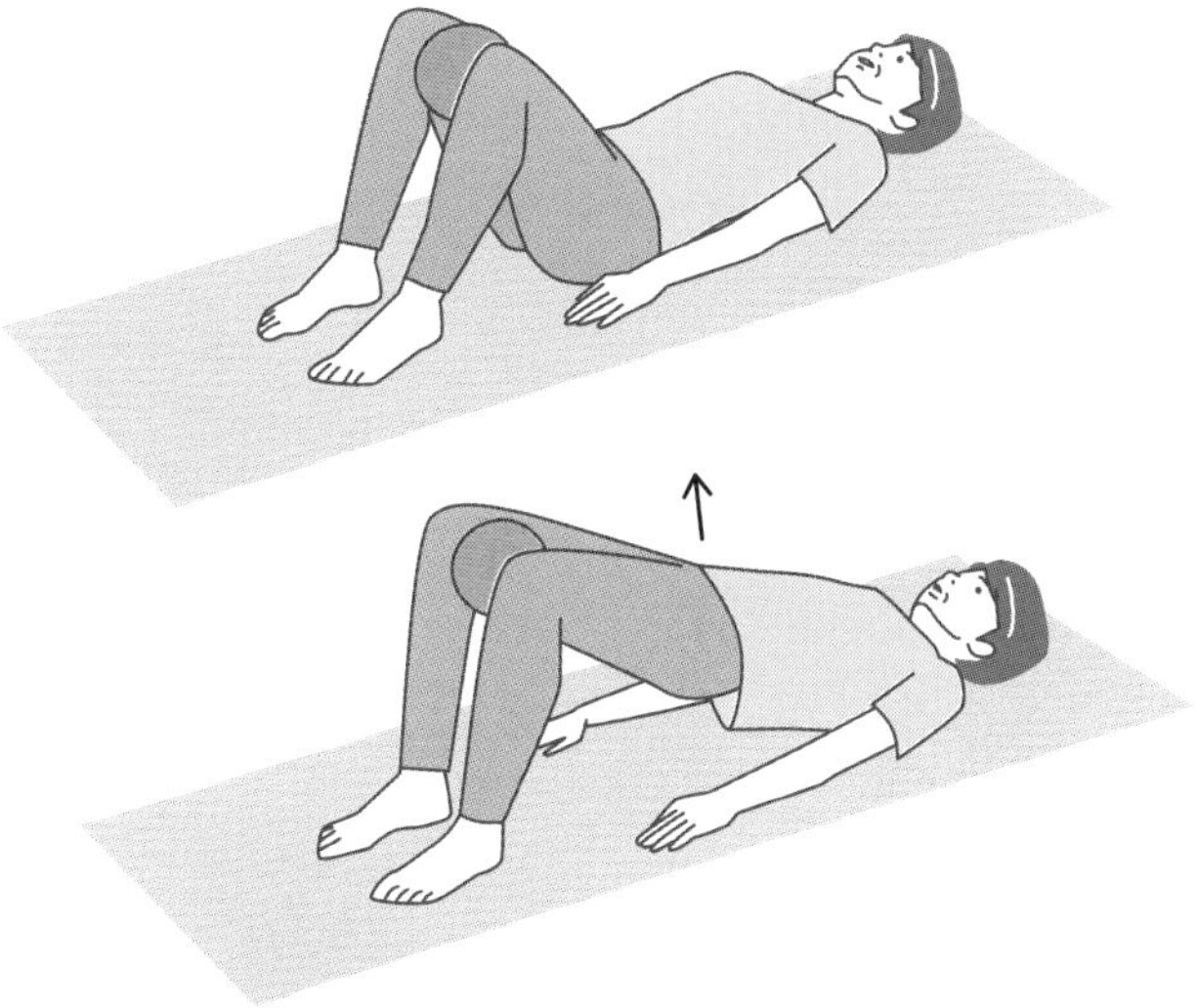

①仰向けでひざを立てた状態で寝ます。両腕で体を支えます。
②ひざでボールを挟みます。このときにお尻の穴を締めて、ひざとふとももに力を入れます。
③両腕に力を入れて上半身を支え、足裏で床を押すようにして、ボールが落ちないように腰を持ち上げます。

回数の目安：1セット10回、1日3セット

お尻歩き

お尻歩きは、足を伸ばして床に座り、お尻を前後に動かしながら歩く運動です。足を伸ばして座ることができる人はお尻歩きに取り組んでみましょう。骨盤周りの腰方形筋に加え、腹筋群も鍛えることができるので尿もれの改善に大きな効果があります。大きく、ゆっくり前進することを意識してください。ただし、難易度は高いので、難しいと感じた人はやらなくてかまいません。

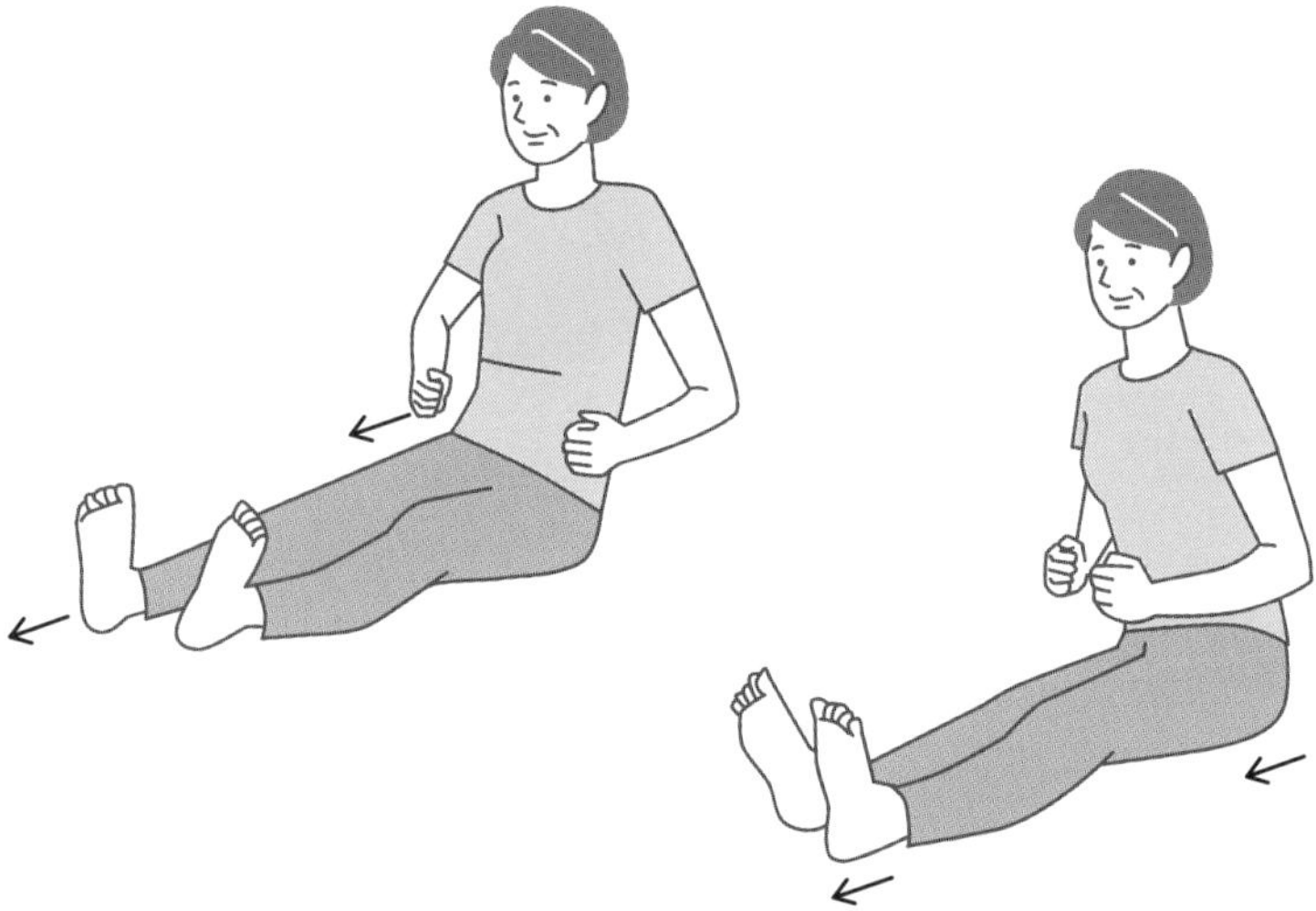

①足を伸ばして座ります。できるだけ背筋を伸ばします。
②かかとを交互に数センチほど押し出すイメージで、お尻を前後に動かしながら、少しずつ前進します。
③次にお尻を後ろに引くように後進します。

回数の目安：1セット5歩×3往復、1日3セット

04 セルフケア 口腔機能を維持・改善するためのセルフケア

高齢になると、食べ物を噛んだり、飲み込んだりする「口腔機能」が低下します。「口腔」とは口の中のことです。口腔機能が低下することを「オーラルフレイル」（オーラル＝口、フレイル＝虚弱）。といいます。滑舌の低下、食べこぼし、わずかなむせ、噛めない食品が増える、口の乾燥といった症状があらわれると要注意です。

口腔機能を維持するためには、歯磨きやうがいといった日常的な口腔ケアがとても大切です。唾液を出すことで口腔内の細菌を減らすことは、誤嚥性肺炎のリスクを減らすことにつながります。また、歯や歯ぐきを刺激することは、脳への刺激にもなり、認知機能の改善にもつながります。

口腔機能の改善・維持のためのリハビリとして口腔体操があります。口や首、肩の体操をして口腔機能を落とさないようにしましょう。発声練習なども効果的です。また、口腔機能の維持にはウォーキングや手足の筋トレといった運動も効果的です。噛む力が強い人は身体バランスも良く、身体機能と口腔機能は密接に関連しているといわれています。

首の体操

首には食べ物を噛んだり、飲み込んだりするための筋肉があります。この筋肉が硬くなると飲み込みづらさを感じたり、誤嚥の原因となったりします。食事の前にはしっかりと首の筋肉をほぐしておきましょう。ただし、首は多くの神経が通っている重要な部分です。痛みが出ない範囲で、ゆっくりと行いましょう。

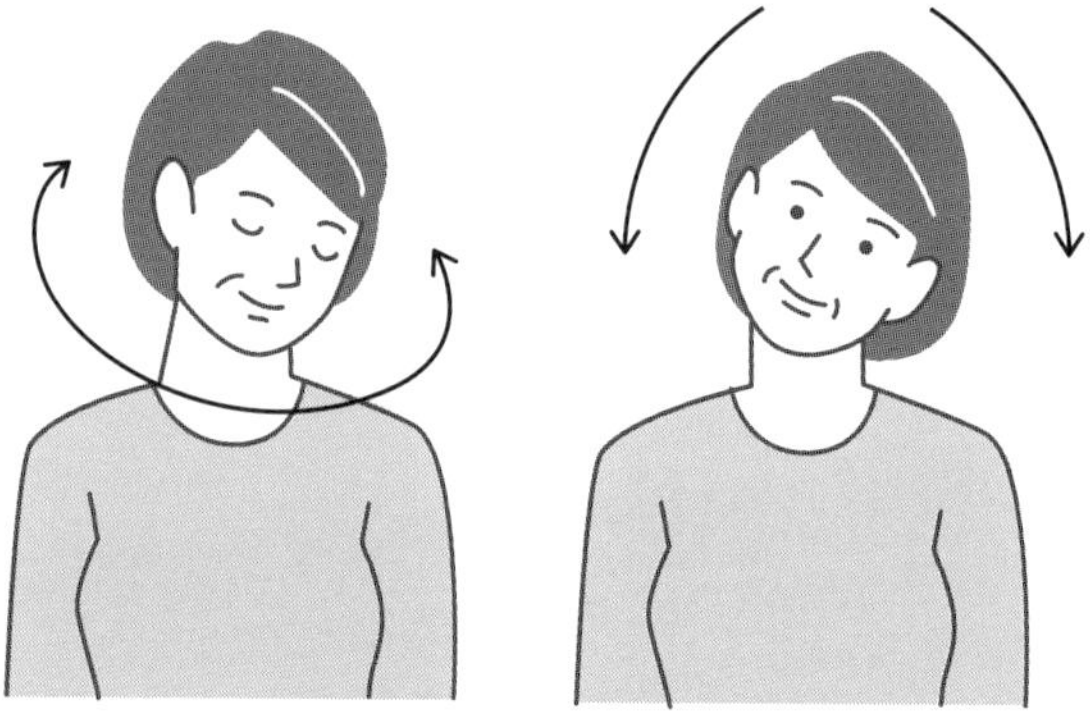

①首を時計回りで1回、反時計回りで1回ずつ回します。
②左右に1回ずつ首を傾けます。

回数の目安：食事前に3セット

肩の体操

肩の筋肉が硬くなってしまうと首の動きが抑制されるため、飲み込みづらさを感じてしまいます。飲み込みやすくするには、肩の力を抜いてリラックスさせることが重要です。体操は息を止めずに行います。肩を上げる時に息を吸い、下ろす時に息を吐き出しましょう。

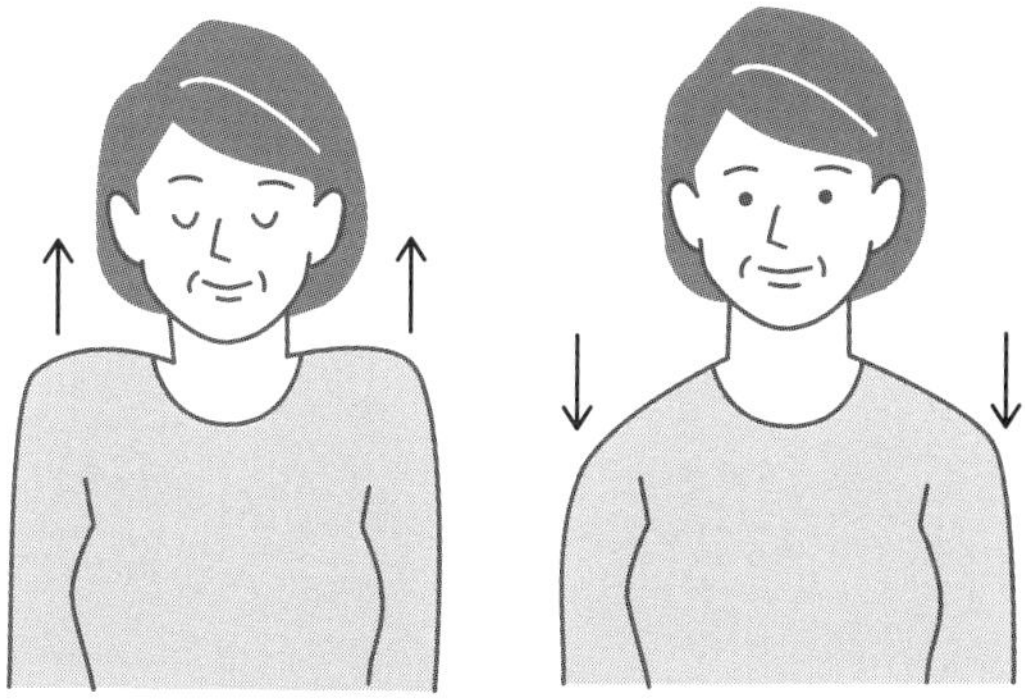

①ぎゅっと肩をすくめるように上げます。
②力をすっと抜いて肩を下ろします。

回数の目安：食事前に3回

口の体操 1

頬の筋肉を動かす体操です。頬の筋肉には口を開けたり閉めたりする役割があります。頬の動きを良くすることで、食べこぼしを防ぐことができます。

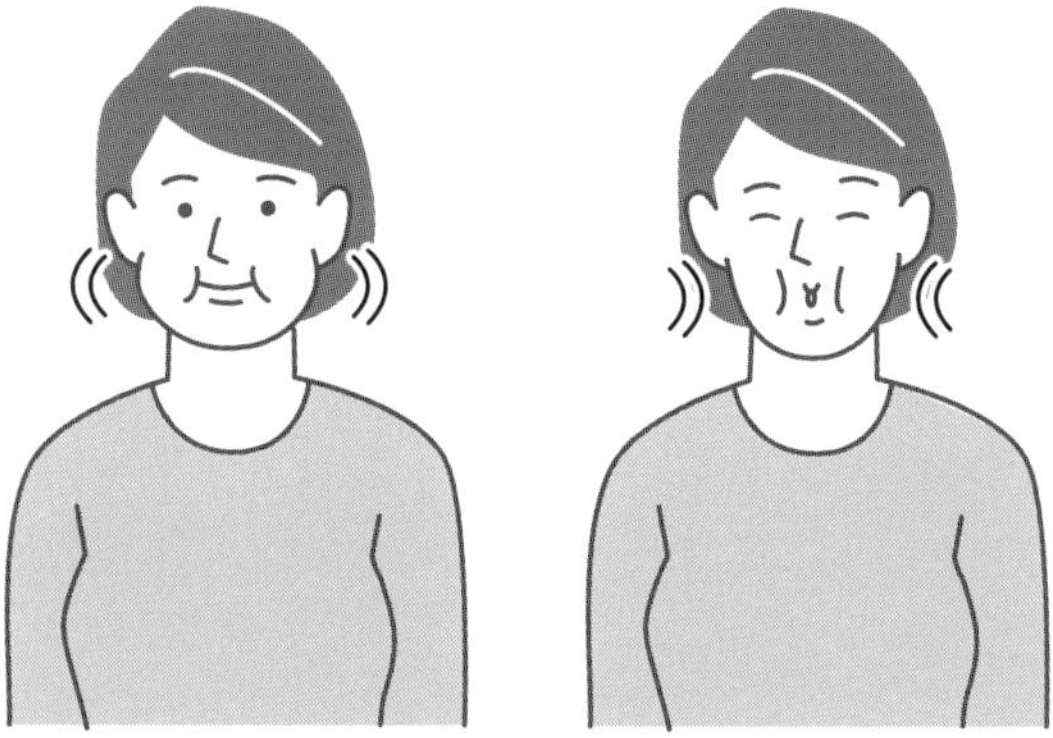

①頬に空気をためて大きく膨らませます。
②口に含んだ空気を口をすぼめながら吸い込んで、肺に送ります。
このときに肺が大きく膨らみます。

回数の目安：食事前に3回

口の体操 2

舌の動きをよくする体操です。舌には食べ物を噛みやすい位置に移動させる役割があります。また、舌の動きが良くなると、食べ物の残りカスを減らすことができるので、口腔内を清潔に保つことができます。

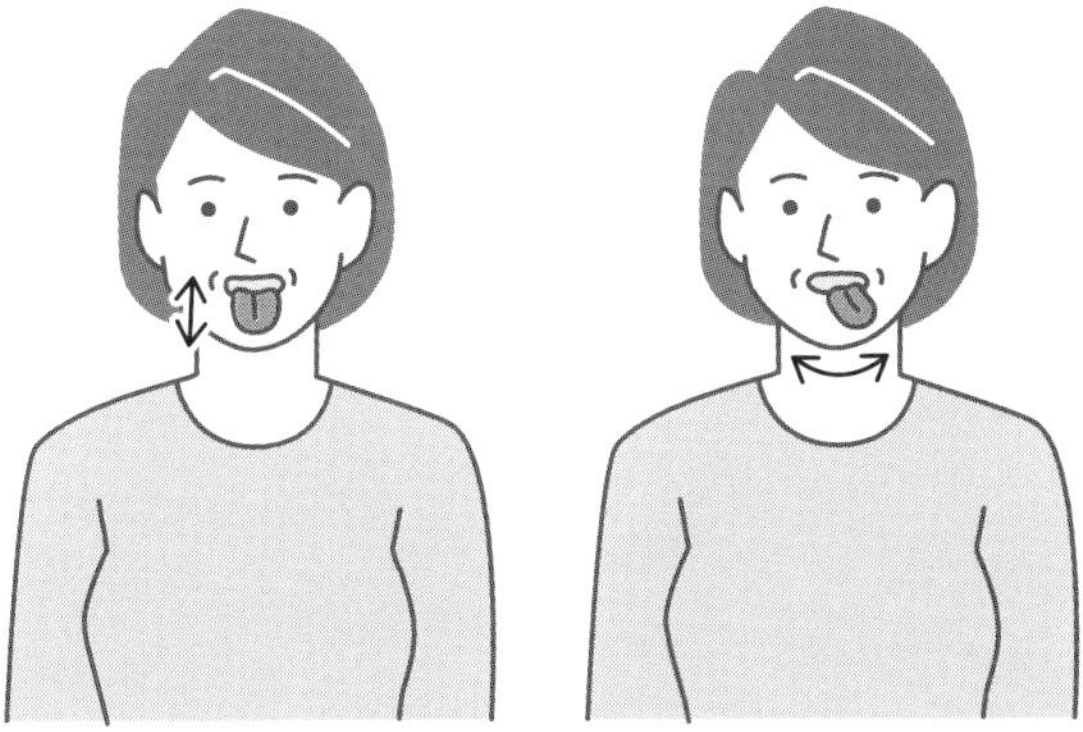

①口をできるだけ大きく開いて舌を出したり、引っ込めたりします。
②舌を左右に動かします。

回数の目安：食事前に3セット

口腔ケア

歯磨き

歯磨きは口腔ケアの基本中の基本です。正しい方法を身につけて、磨き残しがないようにしましょう。できれば毎食後に行うようにしましょう。

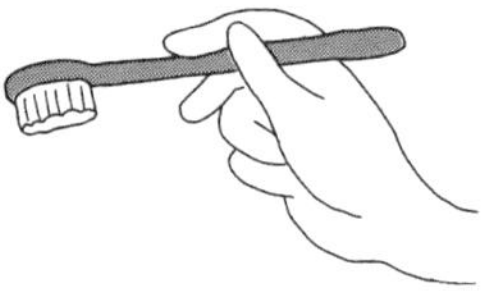

歯ブラシの持ち方

〈磨く順番〉

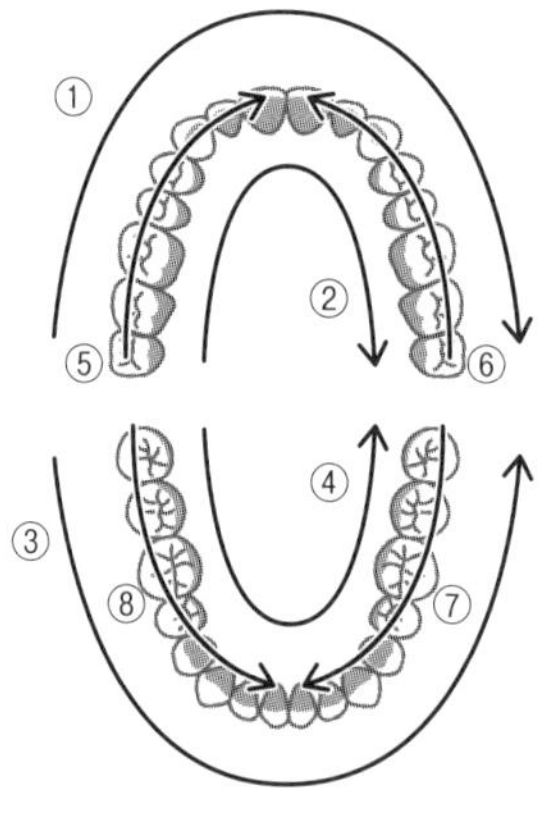

①歯ブラシは鉛筆を持つように持ちます。
②食べ物の残りカスがたまりやすい部分を丁寧に磨きます。
③歯ブラシをやわらかく歯にあてて、揺らすように１～２本ずつ磨きます。

回数の目安：毎食後

ブクブクうがい

うがいをすると、食べ物のカスやたまった粘液などが洗い流されるので、口の中がさっぱりします。口腔内が清潔になれば、肺炎の予防にもつながります。一般的なうがいといえば上を向いて行う「ガラガラうがい」ですが、高齢者では誤嚥の危険があります。そのため、私は口の中に水を含んで行う「ブクブクうがい」を推奨しています。

うがいをするためには、次のような条件が必要です。

◆意識がはっきりしている
◆くちびるを閉じることができる
◆頬を動かすことができる
◆水を吐き出すことができる

うがいをするときに上体が後ろに倒れていると誤嚥しやすくなるので、真っ直ぐ、または少し前かがみの姿勢をとると安全です。

---

①口に水を含み、左側の頬を膨らませて5回ブクブクします。
②次に、右側の頬を膨らませて5回ブクブクします。
③次に、上唇の上を膨らませて5回ブクブクします。
④次に、下唇の下を膨らませて5回ブクブクします。
⑤最後に、頬全体を膨らませて5回ブクブクして水を吐き出します。

回数の目安：毎食後

口腔清掃

口腔清掃は、体を起こすことができない人、水を口に含めない人、歯ブラシで歯肉が傷きやすい人に対して行います。

ブラシ、スポンジ、指に巻いたガーゼなどを緑茶や白湯で湿らせ、歯、歯肉、頬の内側、舌の下など口腔内をまんべんなく潤し、食べ物の残りカスを拭き取ります。できれば、毎食後に行うようにしましょう。ただし、口腔清拭は他人にしてもらうことが多いと思います。その場合、嘔吐反射（オエッといううえずき）を誘発してしまう可能性があるので、食後30分以上たってから行うと良いでしょう。

〈磨く順番〉

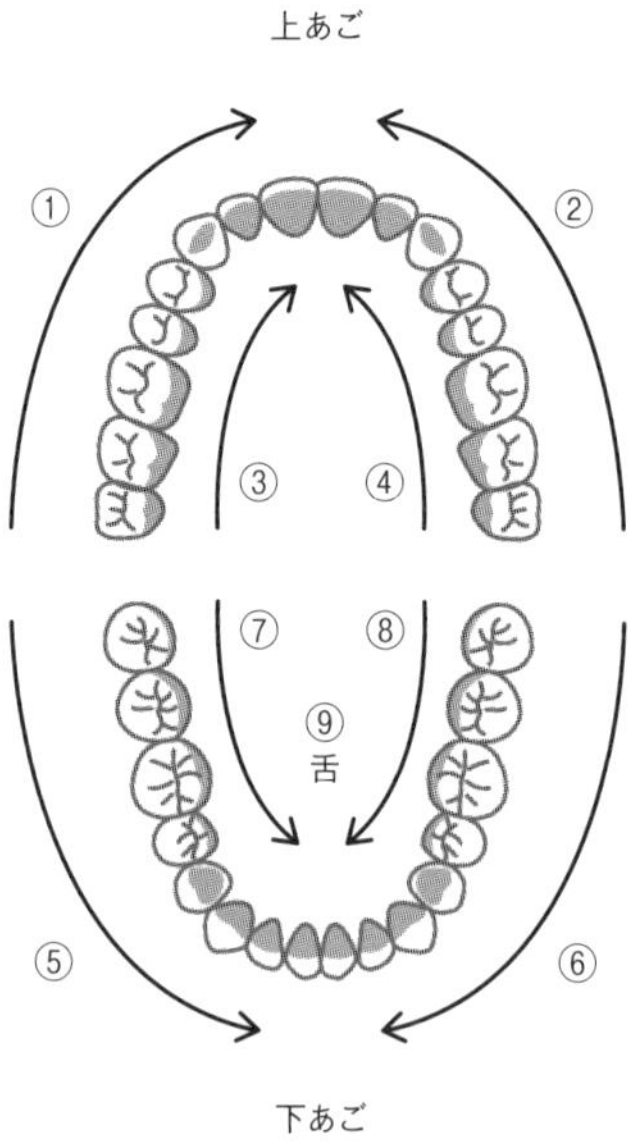

回数の目安：毎食後（食後30分以上たってから）

Vellas BJ, et al.:「One-Leg standing balance and functional status in a population of 512 community-living elderly persons.」『Aging (Milano)』, 1997.

太湯好子・他「認知症高齢者に対するイヌによる動物介在療法の有用性」『川崎医療福祉学会誌 Vol.17 No.2』川崎医療福祉学会, 2008.

『平成28年 全国犬猫飼育実態調査』一般社団法人ペットフード協会.

鈴木聡士・他「アニマルセラピー導入の医療費削減効果分析」『工学研究：北海学園大学大学院工学研究科紀要(13)』2013.

宮村春菜・他「犬の散歩と地域社会」『ヒトと動物の関係学会誌 No14』ヒトと動物の関係学会, 2004.

「平成28年介護サービス施設・事業所調査の概況」厚生労働省

Laukkanen T, et al.:「Association between sauna bathing and fatal cardiovascular and all-cause mortality events:」『JAMA Intern Med.』2015.

Yamamoto T, et al. :「Association between selfreported dental health status and onset of dementia: a 4-year prospective cohort study of older Japanese adults from the Aichi Gerontological Evaluation Study (AGES) Project.」『Psychosom Med』2012.

Yamamoto T, et al.:「Dental status and incident falls among older Japanese: a prospective cohort study.」『BMJ Open』2012.

Aida et al. :「Association Between Dental Status and Incident Disability in an Older Japanese Population.」『Journal of America Geriatric Society』2012

「1人平均現在歯数」『平成28年歯科疾患実態調査結果の概要』厚生労働省

「令和3年 (2021) 人口動態統計月報年計 (概数) の概況」厚生労働省

竹内孝仁『水をたくさん飲めば、ボケは寄り付かない』講談社, 2013.

「Higher blood omega-3s associated with lower risk of premature death among older adults」 Harvard School of Public Health.

Kalmijn S, et al.:「Dietary fat intake and the risk of incident dementia in the Rotterdam Study」.『Ann Neurol』, 1997.

Minji Kim「Fish oil intake induces UCP1 upregulation in brown and white adipose tissue via the sympathetic nervous system」 Scientific Reports 5, 2015.

山下真知子・他 「調理による脳の活性化 (第一報) －近赤外線計測装置による調理中の脳の活性化系即日験－」『日本食生活学会誌』日本食生活学会, 2006.

夏川周介 「健康診断データに見る農村高齢者の健康状態」『シニア能力活用総合対策事業のうち農村高齢者の健康支援推進事業報告書』 日本農村医学研究会, 2010.

松森堅治・他「農作業が有する高齢者の疾病予防に関する検討」『農村工学研究所技報』農業・食品産業技術総合研究機構農村工学研究所, 2009.

「農業経営体の動向」『平成30年度食料・農業・農村の動向』農林水産省

Agnes E. Van Den Berg, H.G. Custers, M.:「Gardening Promotes Neuroendocrine and Affective Restoration from Stress」『J Health Psychology』, 2011.

Sakano K, et al.:「Possible benefits of singing to the mental and physical condition of the elderly」『BioPsychoSocial Medicine』, 2014.

川島隆太「手で文字を書くことの意義～脳科学の視点から～」『ニューサポート高校「書道」』2016.

Cohen, Randy MD, et al.「Purpose in Life and Its Relationship to All-Cause Mortality and Cardiovascular Events: A Meta-Analysis」『Psychosomatic Medicine』2016.

長尾和宏『寝たきりにならず、自宅で「平穏死」健康寿命を延ばすために大切なこと』SBクリエイティブ, 2015.

「生きがいや生活満足度」『令和２年度 第９回高齢者の生活と意識に関する国際比較調査結果』内閣府

佐藤勇太, 他「関節拘縮発生に及ぼすラット後肢非荷重の影響に関する研究」『理学療法科学』 日本理学療法士学会, 2015.

津山直一 (監修)『標準リハビリテーション医学』医学書院, 2006.

参考資料

「健康寿命の令和元年値について」厚生労働省

「令和4年簡易生命表の概況」厚生労働省

「平成28年 国民生活基礎調査の概況」厚生労働省

「令和2年度『高齢者虐待の防止、高齢者の養護者に対する支援等に関する法律』に基づく対応状況等に関する調査結果」厚生労働省

「第1章 高齢化の状況」『令和3年版高齢社会白書』内閣府

「今後の高齢者人口の見通しについて」厚生労働省

「地域包括ケアシステム」厚生労働省

「平成29年就業構造基本調査の結果」総務省

中村隆一、齋藤宏、長崎浩『基礎運動学』（第6版）医歯薬出版 2003

古戸順子・他「山間部在住円背高齢者における日常生活活動に対する自己効力感,社会交流活動、および健康関連QOL」『厚生の指標』60（4）厚生労働統計協会 2013.

Bauman AE et al. The descriptive epidemiology of sitting: A 20-country comparison using the International Physical Activity Questionnaire (IPAQ). Am J Prev Med, 2011.

谷口芳美・他「日本人筋肉量の加齢による特徴」『日本老年医学会雑誌』日本老年医学会, 2010.

新井武志・他「地域在住高齢者の身体機能と高齢者筋力向上トレーニングによる身体機能改善効果との関係」『日老医誌 2006』

Lord SR, Ward JA, and Williams P:Exercise effect on dynamic stability in older women:Arandomized controlled trial. Arch Phys Med Rehabil, 77, 1996.

青木邦男「在宅高齢者の健康関連QOL満足度に及ぼす運動実施状況の影響」『山口県立大学学術情報 第7号』2014.

Lexell.J.: Aging and human muscle:Observation from Sweden.Can.J.『Appl.Physiol.』18, 1993.

重松良祐・他「運動実践の頻度別にみた高齢者の特徴と運動継続に向けた課題」『体育学研究52巻2号』日本体育学会, 2007.

大森圭貢・他「高齢患者における等尺性膝伸展筋力と立ち上がり能力の関連」『理学療法学』日本理学療法士学会, 2004.

山﨑裕司・他「等尺性膝伸展筋力と移動動作の関連―運動器疾患のない高齢患者を対象として」『総合リハ』医学書院, 2002.

青柳幸利「中之条研究：高齢者の日常身体活動と健康に関する学際的研究」『医学のあゆみ』医歯薬出版 2015

青柳幸利 『あらゆる病気を防ぐ「一日8000歩・速歩き20分」健康法: 身体活動計が証明した新健康常識』草思社, 2013.

Sakurai R et al, :「Co-existence of social isolation and homebound status increase the risk of all-cause mortality.」『International psychogeriatric』,2019.

立福家徳「地域社会での人的関わりと高齢者の主観的健康との関連」『厚生の指標 第60巻第7号』2013.

『令和2年国勢調査』総務省

亀井智子・他「都市部多世代交流型デイプログラム参加者の12か月間の効果に関する縦断的検証」『老年看護学 Vol.14 No.1』日本老年看護学会, 2010.

北村 安樹子「幼老複合施設における異世代交流の取り組み－福祉社会における幼老共生ケアの可能性－」第一生命経済研究所, LIFE DESIGN REPORT,2003-08.

『笑顔あふれる、ペットとの幸せな暮らし』ペットとの共生推進協議会

Judith M.:「Siegel:Stressful Life Events and Use of Physician Services among the Elderly:The Moderating Role of Pet Ownership」,『Journal of Personality and Social Psychology』,1990.

S.J.ギャリソン(著) 石田暉・他(監訳)『リハビリテーション実践ハンドブック』シュプリンガー・フェアラーク東京，2005.

「ロコモONLINE」ロコモ チャレンジ！推進協議会

『令和元年国民健康・栄養調査の結果』厚生労働省

「Ⅳ介護の状況」『令和4年 国民生活基礎調査の結果』 厚生労働省

「知っておきたい認知症の基本」政府広報オンライン

Louise MA, et al :「Incidence and Prediction of Falls in Dementia : A Prospective Study in Older People」.『PLOS ONE』2009.

長屋政博「認知症に対する運動および身体活動の効果」『The Japanese Journal of Rehabilitation Medicine』日本リハビリテーション医学会, 2010.

Yoshimura N, et al :「Cohort Profile : Research on Osteoarthritis/osteoporosis Against Disability(ROAD) Study」.『Int J Epidemiol, Int J Epidemiol,』2010.

Yoshimura N, et al :「Prevalance of knee osteoarthritis, lunber spondylosis and osteoporosis in Japanese men and women : the research on osteoarthritis/osteoporosis against disability study」.『J Bone Miner Metab』, 2009.

谷口芳美・他「日本人筋肉量の加齢による特徴」『日本老年医学会雑誌』 日本老年医学会，2010.

「令和元年度介護保険事業状況報告（年報）」厚生労働省

「施設・事業所の状況」『令和2年介護サービス施設・事業所調査の概況』厚生労働省

「令和5年版高齢社会白書」内閣府

「令和4年就業構造基本調査」総務省

「国勢調査」総務省

「日本の将来推計人口（平成24年1月推計）」社会保障・人口問題研究所

「人口動態統計」厚生労働省

本文中のデータ、資料、事実関係などは、刊行時（2024年3月）のものです。

著者 和田 祥平

1988年、長野県岡谷市生まれ。理学療法士。大学を卒業後、石岡循環器科脳神経外科病院にて脳血管疾患を中心とした急性期のリハビリテーションに携わる。その後、日本の介護サービスの現状を知るためにバイクで日本一周の旅に出る。一番心に残っている絶景スポットは美ヶ原高原。現在は株式会社メディセプトにて訪問看護事業に携わるかたわら、痛みや疲労に悩む中高年層に向けて予防ストレッチの指導および治療に従事している。高齢者向け介護予防教室の講師として招かれることも多い。「ロボットスーツHAL」やバランスに関する研究を経て、現在の研究テーマは「介護予防」。

介護のお世話にならない
リハビリの専門家が教える足腰の教科書

2024年3月25日　第1版第1刷発行

著　者　和田 祥平
発行者　松田 敏明
発行所　株式会社 メディカルパブリッシャー
〒102-0073 東京都千代田区九段北 1-8-3 カサイビルⅡ 2F
TEL 03-3230-3841
Mail info@medicalpub.co.jp
HP http://www.medicalpub.co.jp

ISBN 978-4-944109-10-4

装丁・本文デザイン　津浦幸子（マイム）
イラスト　Kana Shimao ／ illustAC

印刷・製本所　シナノ印刷株式会社

メディカルパブリッシャーの出版物

発達障害の子どもがぐんぐん伸びるアイデアノート

■著者・吉濱ツトム（発達障害カウンセラー）
■価格1,500円+税

迷い、悩み、孤独なお母さんたちへ。人気カウンセラーが、発達障害の子どもを持つ母親のための療育メソッドと実例を紹介。著者のカウンセリングで実績十分の療育方法が満載です。

「これ」だけは知っておきたい高齢者ケアにおける命を守る知識と技術【超基礎編】

■著者・髙野 真一郎
（日本プライマリ・ケア連合学会 認定医・指導医）
■価格 1,800円+税

著者が医療や介護の現場で、コメディカルや介護スタッフからよく質問される内容をもとに、高齢者ケアに関する医学的な知識・技術をわかりやすく解説。

イラストでわかる！まずは使ってみよう漢方薬

■監修・寺澤捷年
（日本東洋医学会認定漢方専門医・指導医）
■著者・下手公一
（日本東洋医学会認定漢方専門医・指導医）
■価格 3,000円+税

これから漢方を学びたい医師向けの入門書。「手引書として、本書は極めて優れた、アイデア一杯の著作」（監修者・寺澤捷年）